박정희 윤석열
두 대통령의 대화

이 대 현 지음

중문

서문

'역사란 무엇인가'로 잘 알려진 영국의 역사학자 에드워드 카(Edward H. Carr)는 "역사는 과거와 현재의 끊임없는 대화"라고 설파했다. 동양에서는 역사를 거울에 비유했다. '자치통감'이나 '동국통감'과 같은 역사서에 거울 감(鑑)자를 썼다. 개인은 물론 국가와 사회는 과거와의 대화를 통해, 역사를 거울로 삼아 나아갈 길을 개척하라는 뜻이라고 본다.

그러나 안타깝게도 지금 대한민국은 역사에서 아무런 교훈을 얻지 못하고 있다. 더군다나 자기 마음대로 역사를 끌어와 상대방을 공격하는 소재로 써먹고 있다. 국가와 국민을 생각하면 참으로 불행한 일이다.

우리나라 역대 대통령들을 돌아보면 과오가 없지 않지만

훌륭한 업적을 남긴 대통령들도 많다. 그러나 정치 진영이 양극화하면서 자기 진영 역대 대통령들은 극도로 찬양하는 반면 상대 진영의 대통령들은 일방적으로 매도하는 잘못된 현상이 판을 치고 있다. 이 결과 역대 대통령들이 남긴 역사를 통해 후임 대통령들이 교훈을 얻는 일이 부재(不在)한 실정이다. 대통령제라는 제도에 문제가 있는 것이 아니라 역대 대통령들에 대한 잘못된 인식과 예우가 근본적인 문제라는 결론에 이르게 된다.

역대 대통령들이 남긴 리더십에 대한 제대로 된 평가와 이를 통해 후임 대통령이 교훈과 지침을 얻는 일이 절실한 시점이다. 이런 면에서 윤석열 대통령이 박정희 대통령의 리더십에 대해 긍정적 평가를 하고 배우려는 자세를 보인 것은 의미가 있다. 대통령 리더십의 계승(繼承)과 축적(蓄積)을 통해 더 나은 대한민국을 만들 수 있기 때문이다. 역대 대통령들과 후임 대통령들 간의 대화(對話)가 필요하다. 이런 흐름에 조금이나마 도움을 주고자 하는 뜻에서 이 책을 출간하게 됐다.

제1부에서는 박정희·윤석열 대통령의 가상대화를 실었다. 두 대통령의 진솔한 대화를 통해 대통령 리더십의 실체를 더듬어보고자 했다.

제2부에서는 매일신문 논설실장과 논설위원으로 재직하면서 쓴 박정희 대통령 관련 등 칼럼 40여 편을 모아 정리했다. 문재인 정권을 거쳐 윤석열 정권에 이르는 동안 매일신문 칼럼 '세풍' '야고부'에 게재한 글을 시일 역순(逆順)으로 실었다.

제3부에서는 2014년에 3인 공동으로 출간한 졸저 '21세기 대한민국 세 거인에게 길을 묻다'에 실린 박정희 대통령의 리더십을 다룬 내용을 오늘의 시점에 맞춰 개작해 담았다. 박정희 리더십에 대한 작지만 소중한 조명이라는 점에서 의미가 있다고 본다.

'음수사원'(飮水思源) 사자성어를 좋아한다. '우물 물을 먹을 때 우물 만든 사람을 생각하라'는 말이다. 내가 우물 물을 먹을 수 있는 것은 누군가 우물을 파주었기 때문이다. 우물을 판 사람에게 고마워하는 것을 넘어 "나도 우물을 파야 한다"는 사람이 많아지기를 바라는 마음 간절하다. 이것이 대한민국이 더 나은 나라가 되는 지름길이라는 믿음에서다.

목차

서문 _ 3

제 1 부

박정희 윤석열 두 대통령의 대화 ················· 13

제 2 부
'세풍' '야고부' 칼럼

개인이나 국가나 선택을 잘 해야 _ 세풍 ············· 21
밥상머리 교육 _ 야고부 ······················ 25

다시 도약하는 포항 구미 _ 야고부 …………………27
박정희와 K방산 _ 야고부 …………………………30
TK에 큰바위 얼굴을 _ 야고부 ……………………33
막 오른 '제2의 중동 붐' _ 야고부 …………………36
호국 영웅 지게부대원 _ 야고부 …………………38
목표를 모르는 나라에 순풍은 불지 않는다 _ 세풍 …………41
'하면 된다' 대구경북 _ 야고부 ……………………45
우물 안 개구리의 죽창가 _ 야고부 ………………47
과학기술과 국가 흥망 _ 야고부 …………………49
잃어버린 '국가 성공 방정식' 되찾자 _ 세풍 ……51
미래 준비 안 하는 나라에 희망은 없다 _ 세풍 …54
사라진 DNA들 _ 야고부 …………………………58
53년 전 야당 = 민주당 _ 야고부 …………………60
청와대 답사기 _ 야고부 …………………………62
거인의 어깨에 올라서라 _ 세풍 …………………65
대통령 지지율보다 더 중요한 것 _ 야고부 ……69
대통령 대차대조표 _ 야고부 ……………………71
민심의 바다에 법치 공정의 배 띄워라 _ 세풍 …73
문재인의 5년, 윤석열의 5년 _ 세풍 ……………77
지역감정 선동 대선 후보 _ 야고부 ……………80
이재명은 박정희가 될 수 없다 _ 세풍 …………82

TK 출신 대통령들 _ 야고부 …………………………………… 86
'대한민국 구하기' _ 야고부 …………………………………… 88
대통령 국빈 방문 _ 야고부 …………………………………… 90
박정희 김일성의 대결 _ 야고부 ……………………………… 93
백선엽 장군님에게! _ 야고부 ………………………………… 95
文 대통령은 무엇을 팔고 있나 _ 세풍 ……………………… 98
국민이 걱정하는 정권 _ 야고부 ……………………………… 101
북악산의 비서들 _ 야고부 …………………………………… 103
모래로 밥을 짓는 문재인 정권 _ 세풍 ……………………… 106
'박정희 또 죽이기' _ 야고부 ………………………………… 109
'박정희 때리기' _ 야고부 …………………………………… 111
진양철 회장과 반도체 _ 야고부 ……………………………… 113
반도체와 '역사타령' _ 야고부 ……………………………… 116
대한민국, 지난 100년 다가올 100년 _ 세풍 ……………… 118
대통령들의 비극 _ 야고부 …………………………………… 121
'아! 박정희' _ 야고부 ………………………………………… 123
거인 없는 시대 _ 야고부 …………………………………… 125
어쩌다 '개집 신세'로 _ 야고부 ……………………………… 128
경제부총리 _ 야고부 ………………………………………… 130

제3부
박정희 리더십

프롤로그-'어게인 한강의 기적'을 위하여 ·················· 135
1. 세상 모든 것을 사랑한 지도자 ·················· 139
2. 미래를 내다보는 혜안 ·················· 145
3. 청빈·소박 ·················· 151
4. '하면 된다' 정신 ·················· 157
5. 현장에서 답을 찾다 ·················· 163
6. 탁월한 용인술 ·················· 170
7. 위기를 기회로 활용 ·················· 176
8. 죽음 앞에서도 의연 ·················· 183

후기 _ 189

제1부

박정희 윤석열 두 대통령의 대화

박정희 윤석열 두 대통령의 대화

윤석열 : 박 대통령께서 서거하신 지 44년이 되도록 현직 대통령이 한 번도 추도식에 참석하지 않았다니 말이 안 된다는 생각을 했습니다. 너무 늦게 찾아뵈어 죄송합니다.

박정희 : 윤 대통령께서 중동 외교로 792억 달러(106조8천억 원)의 성과를 거둔 것은 정말 대단한 일입니다. 새벽에 귀국하자마자 추도식에 참석해줘 고맙습니다.

윤석열 : 해외 순방을 다녀보면 한국을 많이 부러워합니다. 취임 후 92개국 정상과 경제 협력을 논의했는데 대통령께서 이뤄내신 압축 성장을 부러워합니다. 제가 이분들에게 '박정희 대통령을 공부하라. 그러면 압축 성장도 보장할 수 있을 것'이라고 했습니다. 대통령께서는 '하면 된다' 기치로

국민을 하나로 모아 산업화를 추진하시고 '한강의 기적'이라는 세계사적 위업을 달성하셨습니다.

박정희 : 대통령 한 사람의 노력으로 오늘의 대한민국이 있다고 보지 않아요. 이병철·정주영 회장을 비롯한 기업가들의 노력과 산업 현장에서 땀을 흘린 근로자, 하면 된다 정신으로 뭉친 국민, 그리고 정부 지원이 조화를 이뤄 성과를 거둔 것이라고 생각합니다.

2023년 10월 26일 박정희 대통령 서거 44주기 추도식에 참석한 윤석열 대통령

윤석열 : 대통령께서는 16년 동안 수출전략회의를 180회나 하셨습니다. 한 달에 한 번꼴이나 됩니다. 저도 수출전략회의를 수시로 열어 수출 드라이브를 걸고, 국민을 상대로도 직접 설득할 생각입니다.

박정희 : 자원이 없는 우리나라가 경제 강국이 되기 위해서는 수출밖에 없다는 결론을 내리고 수출에 매진했지요. 공무원들은 물론 대통령과 장·차관이 밤낮으로 기업을 뒷바라지했어요. 1964년에 1억 달러였던 수출액이 1977년에 100억 달러를 돌파했을 때엔 참으로 감격했습니다. 수출이 대한민국 경제를 살리는 지름길이란 사실은 지금도 마찬가지라고 봐요.

윤석열 : 우리를 둘러싼 대내외 안보·경제 환경이 어렵습니다. 북한은 핵과 미사일을 앞세워 갈수록 도발 수위를 높이고 있고, 러시아·우크라이나, 이스라엘·팔레스타인 전쟁에 고물가, 고금리까지 난제가 산처럼 쌓여있습니다. 거대 야당에 가로막혀 국정 수행이 어려운 것도 문제입니다.

박정희 : 나는 우리 국민의 저력(底力)을 믿어요. 지금의 어려움도 헤쳐 나가리라 판단합니다. 선진국 반열에 오른 만큼 이

제 우리는 지금까지와는 다른 차원의 고민을 하고 해법을 찾아야 합니다. 앞서 있던 국가가 다른 나라에 추월당한 뒤 다시 그 지위를 회복하기가 정말 어렵습니다. 끊임없이 혁신해야만 도태되지 않고 선진국 자리를 지킬 수 있습니다.

윤석열: 대통령 취임사에서 자유민주주의와 시장경제 체제를 기반으로 나라를 재건하는 것이 소명이라고 천명했습니다. 미국과의 동맹, 일본과의 협력 체제를 강화해 안보를 튼튼히 한 것은 나름 성과라고 봅니다. 하지만 노동·연금·교육 개혁이 지연되고 있는 것은 아쉽습니다.

박정희: 윤 대통령이 취임사에서 자유민주주의와 시장경제에 방점을 찍고 국정을 해나가는 것에 박수를 보냅니다. 대통령마다 역사적 임무가 있습니다. 나의 임무가 가난 극복과 산업화였다면 윤 대통령 임무는 공고한 안보 체제 확립, 법치와 상식 회복, 국가 미래 먹거리 확보, 국민 통합 등 임무들이 많습니다.

윤석열: 대통령으로 일해 보니 대통령께서 얼마나 위대한 분이었는지 절실히 느껴집니다. 오늘날 대한민국이 먹고사는 토대를 쌓아주셨습니다.

박정희: 대통령 홀로 모든 일을 할 수는 없어요. 사람을 잘 쓰는 용인(用人)이 중요합니다. 집권 초반엔 군인들을 주로 썼지만 나중엔 전문가들을 중용해 성과를 냈습니다. 권한을 많이 주는 대신 결과를 철저히 따지고 무능을 아부로 메우려는 이들에게 현혹돼선 안 됩니다.

윤석열: 자유, 인권, 공정, 연대의 가치를 기반으로 '국민이 진정한 주인인 나라'를 만들겠다는 취임사를 현실로 만들기 위해 더 분골쇄신하겠습니다. 앞으로도 질정(叱正)의 말씀 해주십시오.

박정희: 대통령에겐 미래를 내다보는 혜안(慧眼)이 중요합니다. 대통령이 사심 없이 국가를 위해 불철주야 노력하면 국민이 지지하고 힘을 실어줍니다. 국민을 믿고 뚜벅뚜벅 중단 없이 전진하길 바랍니다.

〈2023년 10월 26일 윤석열 대통령이 박정희 대통령 추도식에 참석한 것에 맞춰 박 대통령 리더십을 조명한 졸저 '21세기 대한민국 세 거인에게 길을 묻다'와 윤 대통령 발언을 묶은 두 대통령의 가상 대화임〉

제 2 부

'세풍' '야고부' 칼럼

개인이나 국가나 선택을 잘 해야

―― 세풍

　최인훈 소설 '광장'의 주인공 이명준. 공산주의자의 아들인 명준은 해방과 6·25 와중에서 고초를 겪다 전쟁 포로가 됐다. 북과 남, 양측의 사람들은 서로 제 나라를 택하라고 권유했지만 명준은 남한도 북한도 택하지 않았다. 제3국을 선택한 명준은 중립국으로 가는 인도 선박에 올랐으나 스스로 생을 마감한다.

　세월을 건너뛰어 이 시점에 명준이 남과 북을 선택한다면 그 결과는 뻔할 것이다. 자유도 경제적 풍요도 없는 북한을 택하지는 않을 것이다.

　'순간의 선택이 10년을 좌우한다'는 TV 광고 문구가 있었다. 해방과 6·25의 소용돌이에서 남과 북, 어느 쪽을 선택하느냐에 따라 그 사람의 인생이 확연하게 달라졌다.

　개인도 선택을 잘 해야 함은 물론 국가도 선택을 잘 해야 한다. 1948년 대한민국은 자유민주주의, 북한은 공산전체주의를 선택했다. 75년이 지난 지금 남과 북은 하늘과 땅 차이로 위상이 달라졌다. 대한민국은 2차 대전 후 독립한 세계 140여 나라 가운데 산업화와 민주화에 동시에 성공한 유일한 나라가 됐다. 북한은 최악의 가난과 궁핍에서 벗어나지 못하고 폭압적 정치 체제가 엄존하고 있다.

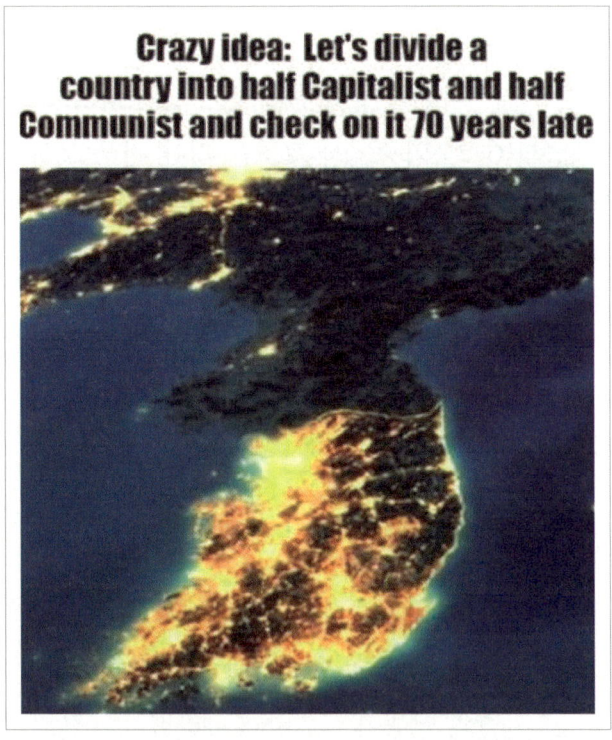

대한민국과 북한의 실태를 적나라하게 보여주는 위성사진.
한국은 밤에 불야성을 이룬 반면 북한은 짙은 어둠에 싸여 있다

대한민국의 선택에 이승만 초대 대통령의 공(功)을 언급 안 할 수 없다. 당시 유행하던 공산주의 풍조를 거부하고 자유민주주의 국가를 세웠다. 안보를 위해 한·미 동맹을 체결했다. 대한민국 번영의 주춧돌을 놓았다.

우리나라는 미국·일본 진영을 선택한 덕분에 산업화·민주화에 성공했다. 철강, 반도체, 자동차 등에서 눈부신 경제 성과를 거둔 것은 미국·일본을 주축으로 한 글로벌 공급망에 들어간 덕분이었다. 경제적 풍요가 바탕이 돼 민주국가로 올라섰다. 미국·일본 편에 서는 선택을 했기에 오늘의 대한민국이 있다고 해도 과언이 아니다.

문재인 정부 때 한·미·일 진영에서 뛰쳐나가려는 시도들이 벌어졌다. '한반도 평화'라는 듣기 좋은 말을 앞세워 북한에 굽신거리고 중국에 들러붙는 행위들이 줄을 이었다. 비핵화를 할 마음이 하나도 없는 김정은과의 정상회담에 매달렸고 사드 추가 배치, 미 미사일방어체계(MD) 편입, 한·미·일 군사동맹을 하지 않는 3불(不) 정책을 약속하며 중국에 '굴욕 외교'도 마다하지 않았다. 그 반면 미국과의 동맹을 허물어뜨렸고, '죽창가'를 부르며 반일에 올인했다. 대한민국이 북한·중국·러시아 진영에 들어간 것처럼 보였다. 국민이 나라의 안위를 걱정해야 할 지경에 이르렀다.

중국이 이달 10일 세계 78국에 대한 자국민의 단체 여행을 허가할 때 한국도 포함시켰다. 여러 분석이 있지만 윤석열 대통령 집권 이후 우리나라가 확실하게 미국·일본 진영에 선 것이 중국의 전향적 결정을 이끌어 낸 것으로 본다. 대한민국이 미국·일본과의 동맹·협력이란 원칙을 다시 고수하자 중국의 태도가 확연하게 달라졌다. 중국은 어떤 협박에도 원칙을 양보하지 않는 나라는 함부로 대하지 않는다는 말이 다시 증명됐다.

윤석열 대통령과 조 바이든 미국 대통령, 기시다 후미오 일본 총리의 3국 정상회의가 미국 대통령 별장 캠프 데이비드에서 열렸다. 북·중·러 3국의 연대가 심상찮은 상황에서 한·미·일은 외교·안보·경제·기술 분야에서 3국 협력 체제를 출범시켰다. 대한민국의 번영과 미래를 위한 새로운 차원의 국제 협력 체제를 구축했다는 점에서 매우 잘한 국가의 선택이라고 평가한다.

밥상머리 교육

___ 야고부

　미국 대통령 별장 캠프 데이비드에서 한·미·일 정상회의를 마친 윤석열 대통령이 귀국길에 별세한 아버지 윤기중 연세대 명예교수에 대한 그리움을 표하며 부친의 밥상머리 교육을 언급했다. 윤 대통령은 "아버지와 식사 중 대화에서 세상을 바라보는 가치관과 국가관, 경제관을 형성하게 됐다"는 말을 했다. 아버지의 밥상머리 가르침이 지금의 자신을 만들었다는 취지였다.
　동서양을 막론하고 밥상머리 교육은 그 가치가 널리 입증됐다. 존 F. 케네디 미국 대통령 등 자녀들을 훌륭하게 키운 아버지 조지프 케네디와 어머니 로즈는 밥상머리 교육에 공을 들였다. 식사 시간을 밥 먹는 시간이 아닌 교육 시간으로 활용했다. 특히 저녁 식사 시간엔 각자의 하루에 대해 대화를 나누고 아버지는 자녀들과 세상 돌아가는 일들에 대해 얘기를 나눴다.

자녀들의 눈에 잘 띄는 곳에 게시판을 마련해 놓고 신문, 잡지 등에 나온 좋은 글을 붙여 놓은 다음 식사 시간에 그 기사를 화젯거리로 자녀들과 대화를 했다.

현대그룹 창업주 정주영 회장의 밥상머리 교육도 유명하다. 정 회장은 청운동 자택에서 매일 새벽 5시 자녀들과 아침 식사를 했다. '무슨 일이 있더라도 아침 식사는 가족과 함께' 원칙을 지켰고 자녀들도 지키도록 했다. 정 회장의 밥상머리 교육 키워드는 겸손과 성실이었다. 손자들을 자가용으로 등교시키는 며느리들을 보고 정 회장은 "젊었을 때 콩나물 버스에서 시달려 봐야 나중에 자가용 샀을 때 기쁨을 안다"며 역정을 냈다.

그 효과에도 불구하고 밥상머리 교육이 사라진 것이 현실이다. 부모와 자녀의 라이프 스타일이 달라져 같이 앉아 식사를 하는 것부터 드물어졌다. 밥상머리 교육이 아예 불가능한 일이 됐다. 가장인 남편의 권위 추락도 밥상머리 교육 실종을 초래했다. 가장이 밥상머리에서 자녀들에게 이런저런 얘기를 하면 아내가 "바쁜 애들 앞혀 놓고 쓸데없는 얘기한다"고 타박하기 일쑤다. 자녀들도 아버지 얘기를 귓등으로 흘려들을 뿐이다.

마땅히 지켜야 할 것인데도 사라진 것이 하나둘이 아니다. 밥상머리 교육도 그중 하나다. 가족이 대화를 나누며 소통하고 화합할 수 있는 밥상머리 시간과 밥상머리 교육이 실종된 것이 안타깝다.

다시 도약하는 포항 구미

___ 야고부

 '국토 디자이너'. 고속도로, 공단 등을 건설하며 국가의 지도를 바꾼 박정희 대통령을 수식하는 말이다. 그의 노력 덕분에 우리나라는 상전벽해(桑田碧海)의 기적을 만들어냈다. 전국 곳곳에 박 대통령의 흔적이 배어 있는데 그중 포항과 구미는 박 대통령에게 더욱 각별한 도시다. 박 대통령이 포항제철과 구미공단을 입안하고 건설하는 등 두터운 인연을 맺어서다.

 포항과 구미, 두 도시는 박 대통령이 추진한 산업화에서 중추적 역할을 했다. 포항은 철강산업, 구미는 전자산업을 중심으로 국부(國富) 창출에 기여했다. 두 도시는 산업 발전으로 좁게는 대구경북, 넓게는 국가 발전에 지대한 공헌을 했다. 하지만 수도권 중심으로 산업구조가 재편되고, 두 도시 소재 기업들이 수도권으로 옮겨가면서 도시 위상이 떨어지는 등 기로에 처했다.

포항과 구미가 이차전지, 반도체 특화단지로 동시에 지정된 것은 두 도시가 다시 도약할 수 있는 발판을 마련했다는 점에서 의미가 크다. 이미 이차전지와 반도체에서 두루 경쟁력을 갖춘 두 도시는 특화단지 지정을 기폭제로 삼아 해당 산업에서 한국을 넘어 세계 대표 도시로 비약을 도모하고 있다. 포항은 배터리 핵심 소재인 양극재에 대한 대규모 투자를 통해 국내 최대 규모의 이차전지 양극재 생산 거점(연간 70만t)으로 올라선다는 목표다. 구미는 반도체 공정의 핵심 소재인 12인치 웨이퍼 시장 분야 세계 2위 도약을 목표로 내걸었다. 특화단지 지정으로 날개를 단 형국이다.

포항 영일만산업단지 내 에코프로 2차전지 생산공장

두 도시가 그리는 미래는 지금과는 차원이 다르다. 포항은 철강 도시를 넘어 이차전지 집적지, 구미는 전자산업 메카를 넘어 반도체 소재 부문에서 초격차를 만들어낼 지역으로 비상을 꿈꾸고 있다. 대구경북신공항 개항으로 항공 물류 여건이 호전되는 것도 긍정 요인이다.

침체를 겪었던 포항, 구미 두 도시의 도약은 대구경북은 물론 국가 발전에 기여할 수 있는 호재다. 지방자치단체와 정치권, 경제계, 시민들이 힘을 모아 도시 발전에 매진해야 할 때다. 중앙정부의 전폭적 지원을 계속 이끌어내는 것도 중요하다. 산업화 시대에 이어 첨단산업 시대에 국가 경제발전의 주역으로 부상하고 있는 포항, 구미 두 도시의 미래에 거는 기대가 크다.

박정희와 K방산

___ 야고부

M16 자동 소총을 만드는 미국 회사의 중역이 우리나라와 무기 수출 계약을 성사시키고 청와대에서 박정희 대통령을 만났다. 이 인사가 법적으로 허용된 리베이트라며 100만 달러 수표를 박 대통령에게 건넸다. "이것은 부정한 돈도 아니고 특별한 돈도 아니며 관례대로 주는 돈이므로 대통령께서는 당당하게 접수해도 된다"는 말과 함께였다. 박 대통령은 "그러니까 이게 내 돈이군요"라며 수표를 받고서는 이렇게 말했다. "우리는 아직도 너무 가난하고, 남북 대치 상태에서 좀 더 안보를 위한 무장을 강화해야 하는데 무기를 더 못 사는 것이 안타깝소. 이 돈이 내 돈이라면 내 맘대로 쓸 테니 이 돈만큼 당신네 무기를 좀 더 사고 싶소."

박 대통령의 M16 소총에 대한 집념은 지독(?)했다. 박 대통령은 소총 국산화를 위해 동분서주했다. 조병창 간부들에게

"임진왜란이나 을사늑약은 한국이 총이 없어서 일본에 수난을 당한 것"이라며 국산 총기 개발을 독려했다. 1973년 6월 국산 M16 소총을 직접 발사한 박 대통령은 눈시울을 붉혔다.

윤석열 대통령이 안제이 두다 폴란드 대통령과 정상회담을 갖고 방위산업에서 폴란드와 협력하기로 했다. 윤 대통령은 "작년 한·폴란드 간 대규모 방산 수출 계약이 체결되고 이후 신속한 납품이 이루어져 왔다"고 했다. 폴란드는 역대 최대 규모였던 지난해 한국 방산 수출액 173억 달러의 71.6%(124억 달러)에 해당하는 무기를 한국에서 수입했다.

안제이 두다 폴란드 대통령이 키엘체에서 열린 MSPO 국제방산전시회장을 방문해 한국의 FA-50 공격기 모델을 살펴보고 있다.

폴란드 등 세계 각국이 북한과 70년간 군사적으로 대치하며 방산 역량을 키운 한국을 최적의 방어력 강화 모델로 꼽고 있다. 그 덕분에 'K방위산업'이 수출 효자 노릇을 톡톡히 하고 있다. 한국은 2021년 세계 무기 수출시장 점유율 2.8%로 세계 8위 무기 수출국이 됐다. 2027년까지 점유율을 5%로 끌어올려 방산 4대 강국에 진입한다는 목표다. 이렇게 되면 방산 매출액은 29조7천억 원으로 증가하고 고용은 6만9천 명으로 늘어난다.

소총 한 자루 만들지 못했던 한국이 K2 전차, K9 자주포, FA-50 경전투기, 다연장로켓 천무 등을 수출하는 나라가 됐다. 씨를 뿌렸기에 열매를 거둘 수 있는 법. 자주국방의 씨를 뿌린 박 대통령이 K방산이란 열매를 보며 하늘에서 미소를 지을 것 같다.

TK에 큰바위 얼굴을

___ 야고부

학창 시절 교과서에 실린 소설 '큰 바위 얼굴'(The great stone face)을 감명 깊게 읽었다. '주홍 글씨'로 유명한 미국 소설가 나다니엘 호손의 작품이다.

소설 주인공 어니스트는 앞산의 큰 바위 얼굴을 닮은 한 아이가 이 고장에서 태어나 위대한 인물이 되어 돌아온다는 전설을 믿으며 고향에서 산다. 큰 바위 얼굴을 닮았다고 믿었던 사람이 세 명이나 왔지만 모두 아니었다. 부자 '게더 골드'(Gather gold), 장군 '피와 천둥의 노인'(Old blood and thunder), 대통령 후보 '늙은 바위 얼굴'(Old stoney phiz)도 큰 바위 얼굴 주인공과는 거리가 멀었다.

어느 날 한 천재 시인이 고향에 돌아와 선한 삶, 성스러운 사랑, 많은 지혜로 사람들에게 감화를 주는 백발의 어니스트를 만났다. 이 시인은 어니스트야말로 큰 바위 얼굴을 닮은 사람이라는 것을 알고 "어니스트가 큰 바위 얼굴"이라고 외쳤다. 마을 사람들은 전설이 이뤄졌다고 믿었지만 어니스트는 큰 바위 얼굴을 닮은 자기보다 현명하고 훌륭한 사람이 나타나기를 기다린다.

소설 '큰 바위 얼굴'에서 착안해 미국은 1941년 사우스다코타주 러시모어산에 대통령 조각상을 만들었다. 얼굴이 새겨진 주인공은 조지 워싱턴, 토머스 제퍼슨, 에이브러햄 링컨, 시어도어 루스벨트다.

미국 사우스다코타주의 러시모어산에 조각된 미국 대통령 네 사람의 얼굴

울산시가 얼마 전 '위대한 기업인 조형물 건립 사업'을 철회했다. 조례 입법과 예산 편성 과정에서 불거진 각종 논란으로

정중히 예를 다해 모셔야 할 분들인데도 그 진의가 훼손되고, 창업가에 대한 이미지 손상이 우려됐다는 게 철회 이유다.

세금을 들여 대기업 창업주 흉상을 만드는 것을 비판할 수는 있다. 하지만 갈수록 희미해지는 기업가 정신을 함양하기 위해 우리나라 대표 기업인들을 기리는 공간은 필요하다고 본다. 처음엔 반대가 있었으나 미국 러시모어산 큰 바위 얼굴은 미국 대통령이 중대 국사를 발표하는 역사적 공간이 됐다. 정주영, 최종현, 신격호 등 대한민국 산업화 주역들의 얼굴이 새겨진 한국의 큰 바위 얼굴을 볼 수 없게 된 것이 아쉽다. 이참에 박정희 이병철 김수환 등 한국을 대표하는 거인들을 배출한 대구경북이 군공항(K2) 후적지에 한국의 큰 바위 얼굴을 만들면 어떨까 하는 생각이 든다.

막 오른 '제2의 중동 붐'

_____ 야고부

　　1975년 중동 시장에 처음 뛰어든 현대건설은 사우디아라비아에서 10억 달러 규모의 항만공사가 있다는 정보를 뒤늦게 입수했다. '20세기 최대 역사'로 불린 사우디 주베일 산업항 공사였다. 1976년 2월 정주영 현대건설 회장은 입찰가를 8억7천만 달러로 최종 결정했다. 입찰 결과 최저가인 9억 달러를 써낸 미국 업체가 낙찰자로 선정됐다는 소식이 전해졌다. 입찰 업무를 맡은 현대건설 임원이 8억7천만 달러는 너무 낮다는 생각에 정 회장의 지시를 어기고 9억3천만 달러를 써낸 것이었다.
　　하지만 뜻밖의 반전이 일어났다. 미국 업체가 제시한 9억 달러는 유조선 정박시설에만 한정된 금액이었고, 결국 사우디는 최저가인 9억3천만 달러를 써낸 현대건설을 최종 낙찰자로 결정했다. 담당 임원의 고집 덕분에 현대건설은 6천만 달러의 이득을 본 셈이다. 9억3천만 달러는 당시 정부 예산의 4분의 1

에 달하는 엄청난 금액이었다.

　현대건설이 사우디의 국영 석유기업 아람코가 발주한 50억 달러(6조5천억 원) 규모의 석유화학단지 건설 프로젝트를 수주했다. 국내 기업이 사우디에서 따낸 공사 중 최대 금액이자 해외 건설 수주 전체를 통틀어 역대 7위 규모다. 수주에 성공한 프로젝트는 주베일 산업항 인근에 석유 플랜트를 짓는 사업이다. 하늘의 정주영 회장이 웃음을 터뜨렸지 싶다.

　이번 쾌거는 기술, 신뢰, 외교 등 '3박자'가 맞아떨어져 거둔 성과다. 현대건설은 사우디 건설 현장에서 기술력을 바탕으로 지난 반세기 동안 170여 건, 232억 달러 규모 공사를 완벽하게 해냈다. 여기에 윤석열 정부가 발족한 '원팀코리아'의 지원이 더해져 쾌거를 거뒀다. 기업과 정부, 민과 관이 뭉쳐 이뤄낸 성과여서 의미가 각별하다.

　글로벌 시장조사 업체 IHS마킷에 따르면 올해 사우디 등 중동 건설시장 규모는 6천943억 달러(약 911조 원)로 전년(6천177억 달러)보다 12.4% 성장할 전망이다. '중국 특수'가 사라짐에 따라 성장 동력 확보가 절실한 우리로서는 '제2의 중동 붐'을 통해 경제 성장의 발판을 마련할 수 있을 것으로 기대된다. 기술과 신뢰를 갖춘 기업들의 노력과 정부의 전폭적인 뒷받침이 합쳐지면 제2의 중동 붐을 만들어낼 수 있다. 중국(中國) 대신 중동(中東)에 대한민국의 미래가 있다.

호국 영웅 지게부대원

———— 야고부

지난 4월 윤석열 대통령 부부와 조 바이든 미국 대통령 부부가 같이 참배했던 미국 워싱턴 D.C. 한국전쟁 기념공원. 이곳엔 한국 민간인들로 구성된 지게부대원들이 탄약을 운반하는 모습이 새겨져 있다. 이들의 정식 명칭은 한국노무단(KSC ·Korea Service Corps)이지만 지게 모양이 알파벳 A를 닮았다며 미군은 'A프레임 부대'(A Frame Army)라 부르기도 했다.

6·25 당시 연인원 30만 명이 투입된 지게부대원 중 2천64명이 전사했다. 실종자는 2천448명, 부상자는 4천282명이나 됐다. 1950년 8월, 대한민국 최후 방어선인 낙동강 전선의 다부동 전투(8.3~8.29)에서 하루 평균 50여 명의 지게부대원이 전사했다.

지게부대원들은 군번도 계급장도 없는 노무자들로, 군복을 받지 못해 무명옷 차림으로 최전방 전투지역에 식량과 탄약 등

군수품을 져 날랐다. 지게부대의 활약상에 미8군사령관이자 유엔군사령관인 밴 플리트 장군은 "만약 지게부대가 없었다면 최소한 10만 명의 미군을 추가로 파병했어야 했다"고 했다.

지게부대원들은 포탄과 식량을 40~50kg 짊어지고 가파른 고지를 올랐다. 내려올 때는 부상병을 실어 날랐다. "허리를 굽히고 앞만 보고 걸어라"가 이들의 행동 수칙이었다. 전쟁의 참화에서 나라를 구하려는 사명감에서 우러난 위국 헌신의 전범을 지게부대원들은 보여줬다.

경북 칠곡군 다부동 전적기념관에 6·25전쟁 영웅 백선엽

한국전쟁에서 맹활약한 지게부대원

장군 동상과 전쟁 당시 국군을 지원한 지게부대원을 기리는 추모비가 들어선다. 오는 7월 5일 백 장군 3주기 추모식에서 백 장군 동상과 지게부대원 추모비 제막식이 열린다.

지게부대원 추모비는 백 장군의 장녀 백남희 여사가 사비로 1천200만 원을 들여 제작한다. "아버지와 함께 싸운 지게부대원들의 넋을 위로하고 싶었다"는 게 백 여사의 얘기다.

올해는 6·25전쟁 발발 73년, 정전(停戰) 70년이 되는 해다. 북한의 침략을 막지 못했다면 대한민국은 적화(赤化)됐을 것이고 우리는 북한 '김씨 왕조'의 착취와 압제에 신음하고 있었을 것이다. 지금 우리가 누리는 번영과 풍요는 지게부대원과 같은 분들의 희생과 헌신 덕분임을 결코 잊어서는 안 된다.

목표를 모르는 나라에 순풍은 불지 않는다

— 세풍

'목표라는 항구를 모르는 사람에게 순풍(順風)은 불지 않는다.' 로마 철학자 세네카(BC 4~AD 65년)의 금언(金言)이다.

세네카의 말처럼 인생을 살아가는 데 목표를 갖는 것이 중요하다. 목표를 제대로 정해야 인생이 목표한 곳으로 잘 가고 있는지를 알고 대처할 수 있어서다. 한 사람의 인생이 이럴진대 하물며 국가는 목표를 정확하게 설정하는 것이 더할 나위 없이 중차대한 문제다. 국민의 삶이 달려 있기 때문이다.

'문재인 5년'은 세네카의 말을 빌려 표현하면 '목표라는 항구를 몰랐던' 시간이었다. 더 정확하게 얘기하면 '잘못된 목표를 향해 달려갔던' 시기였다. 목표를 몰랐고, 심지어 잘못된 목표를 향해 가는 선장과 선원들 탓에 국민은 두려움에 떨었다. 20년을 넘어 50년 집권을 꿈꿨던 좌파 정권이 5년 만에 정권을 내준 결정적 원인은 이것이었다.

국가의 중요한 목표는 튼튼한 안보(安保), 부유한 나라다. '문재인 5년'은 안보와 국부 창출에서 철저히 실패했다. 문재인 정권은 우리나라 안보를 반석 위에 올려놓아 번영의 기초가 됐던 한국·미국·일본 3국 협력에서 이탈(離脫)하는 시도를 끊임없이 반복했다. 그 결과 한·미 동맹은 흔들렸고, 한·일 관계는 파탄이 났다. 대신 북한에 굴종(屈從)하고, 중국에 경도됐다. 한국은 북한·중국·러시아 진영은 물론 미국·일본 진영에도 배척받는 외톨이 신세가 됐다. 국가 목표인 안보를 내팽개친 후과(後果)였다.

윤석열 정권 출범 후 1년이 지난 지금 한·미·일 3국 협력은 완전히 복원됐다. 지난해 6, 11월에 이어 올해 5월 세 번째 한·미·일 정상회의가 열렸다. 3국의 단단한 협력을 통해 우리의 안보는 다시 공고해졌다. 국가 안보라는 목표를 향해 제대로 된 항로(航路)를 가게 됐다.

문 정권의 탈원전 정책은 '원전 강국'이란 국가 목표를 향해 잘 가던 배를 엉뚱한 방향으로 몰고 간 대(大)실정이었다. 서울대 원자력정책센터의 '탈원전 비용 추정 결과' 보고서에 따르면 탈원전 정책 피해액이 2030년까지 무려 47조4천억 원에 달한다. 원전 수출을 통해 막대한 국부(國富)를 창출할 수 있는 기회를 허망하게 날려 버린 것은 두고두고 원망스럽다.

탈원전 정책을 폐기한 윤석열 대통령은 "이념이나 정치 논리가 시장을 지배해서는 안 된다"고 했다. 백번 지당한 말이다. 탈원전으로 인한 막대한 피해는 잘못된 이념이나 정치에 휘둘린 국가 정책이 얼마나 심각한 폐해를 가져오는가를 생생하게 보여줬다. 과학이 아닌 이념에 매몰된 정책으로 국민을 골병들게 하는 정권이 다시 등장하는 일은 결코 없어야 한다.

아랍에미리트(UAE)를 국빈 방문한 윤석열 대통령이 바라카 원전 3호기 가동식에서 UAE 대통령 등 참석자들과 기념촬영을 하고 있다.

국가 안보에 구멍이 뚫리게 하고, 탈원전에 따른 전기 요금 인상으로 국민에게 고통을 떠넘긴 주범(主犯)들이 반성은커녕 사죄도 없다. 문재인 전 대통령은 으리으리한 사저에 월 연금

1천만 원을 받으며 책방을 열고, 자신을 주인공으로 한 다큐멘터리 영화를 보러 다니는 등 남들이 부러워하는 노후를 보내고 있다. 자신이 한 일을 자화자찬하고, 윤 정부에 대한 공격도 자주 하고 있다. 국가 안보를 무너뜨리고, 탈원전에 앞장선 문 전 대통령 수하(手下)들 역시 호의호식하고 있다. 정의(正義)에 부합하지 않는 모습에 분노하는 국민이 많다. 안보 다지기 행보와 탈원전 폐기에 박수를 보내는 국민도 있는 반면 문 정권의 실정을 단죄(斷罪)하지 않는 것에 실망하는 국민도 많다는 사실을 윤 대통령이 인식하길 바란다.

'하면 된다' 대구경북

———— 야고부

　　대구시청 동인동 청사와 주요 거리 등 대구 곳곳에 대구경북신공항 특별법 국회 통과를 축하하는 현수막이 걸렸다. 신문에는 축하 광고들이 실리고 있다. '경축'(慶祝) 분위기가 대구에 흘러넘친다. 경축할 일이 없었던 대구에 오랜만에 낭보(朗報)가 전해진 것은 반갑기 그지없다.

　　신공항 특별법 통과로 대구경북 숙원인 통합신공항 건설에 날개를 달았다. 건국 이래 최대 사업인 신공항을 통해 대구경북은 세계로 연결하는 하늘길을 열게 됐다. 특별법 통과로 지역 발전의 토대인 신공항 건설에 탄력이 붙게 된 것도 축하할 일이지만 그에 못지않은 성과를 거둔 것도 주목하지 않을 수 없다.

　　박정희 대통령 시대에 대구경북은 '하면 된다 정신'의 본산(本山)이었다. 포항제철, 구미공단, 새마을운동 등 불가능한 것으로 여겨졌던 사업들을 성공시켜 이 나라에 '하면 된다 정신'

을 확산하는 중추적 역할을 했다. 그러나 이후 위천국가공단, 삼성삼용차 등 굵직한 사업들이 무산되면서 대구경북에는 패배 의식이 자리 잡았다. 여기에 경제마저 추락하면서 도시 전체에 암울한 분위기가 팽배했다.

신공항 특별법 통과는 이런 패배 의식을 일소하는 계기가 되기에 충분하다. 신공항을 반드시 건설해야 한다는 500만 시도민들의 열망과 대구시·경북도, 지역 정치권과 경제계 등이 똘똘 뭉쳐 특별법 통과라는 쾌거를 만들었다. 대구경북에서 사라진 '하면 된다 정신' '성공 방정식'을 다시 일깨우는 전기가 된다는 점에서 특별법 통과는 더욱 의미가 크다. '하면 된다 정신'을 바탕으로 지역 구성원들이 계속 힘을 모은다면 제대로 된 공항 건설은 물론 다른 숙원 사업들도 해낼 수 있다.

다른 지역과의 연대·협력 중요성을 특별법 통과에서 깨닫게 된 것도 소득이다. 공항 특별법 통과라는 공통 과제를 가진 광주와 서로 협력하고 지렛대 역할을 해 두 도시가 함께 목표를 달성했다. 수도권 중심주의가 득세하는 상황에서 지방의 상생 협력은 지방이 생존할 수 있는 힘이다.

우물 안 개구리의 죽창가

___ 야고부

정중지와(井中之蛙). 우물 안 개구리를 일컫는 말이다. '장자' 추수 편에 우물 안 개구리 얘기가 나온다. 황하가 가장 넓은 줄로 알았던 황하의 신 하백이 끝없이 뻗어 있는 동쪽 바다를 바라보며 북해의 신 약에게 말했다. "내가 여기를 와 보지 않았으면 식자(識者)들의 웃음거리가 될 뻔했소." 그러자 약이 말했다. "우물 안의 개구리에게 바다 이야기를 들려주어도 이해하기 어려울 것이오. 자기가 사는 곳에 구애받기 때문이 아니겠소? 한쪽만 아는 사람은 도(道)를 알 수 없을 것이니 그건 자기가 배운 것에 속박되기 때문이오. 이제 그대는 좁은 지역을 나와 바다의 광대함을 알았으니 비로소 그대와 더불어 진리에 대해 이야기해도 좋게 되었다는 것이오."

우물 안 개구리는 우물에서 보이는 하늘만 하늘로 인식한다. 하늘의 넓이를 우물만큼의 넓이로만 이해한다. 이 때문에

맹목적인 판단과 비판을 하기 쉽다. 자신만의 세계에 빠져 있거나 세상 물정을 모르는 까닭에 진리를 제대로 이해하지 못하는 모습을 보일 때가 많다.

윤석열 대통령의 일본 방문 및 대일 정책에 대한 이재명 대표와 더불어민주당의 공세를 보며 우물 안 개구리를 떠올리게 된다. 사실 관계를 왜곡하는 것은 물론 한·일 관계와 지금의 국제 정세를 도외시하기 때문이다. 우물 안 개구리처럼 자신들이 보는 하늘이 하늘의 전부인 것으로 알면서 국익에 부합하지 않는 발언들을 쏟아낸다.

특히 이 대표는 "자위대 군홧발" "일본 하수인" "망국적 야합" 등 자극적 표현을 동원해 윤 대통령을 공격하고 있다. 야당 대표로서의 품격은 팽개치고 침소봉대의 궤변을 쏟아낸다. 무조건 반일(反日)하자는 말로 들릴 뿐이다.

1965년 한·일 국교 정상화는 경제 도약의 전기가 됐고, 1998년 김대중·오부치 선언은 한·일 관계를 진전시켰다. 이런 역사적 사실을 망각한 채 이 대표와 민주당은 미국·일본 등 자유 진영에서 한국이 외톨이가 되자는 식의 주장을 펴고 있다. 한·미·일 협력에서 벗어나면 국가 생존이 불투명하다. 대학생 때 책 몇 권을 읽으면서 머리에 박힌 반일 감정에서 헤어나지 못한 채 이 대표와 민주당 인사들은 '죽창가'만 부르고 있다. 언제까지 우물 안 개구리들의 죽창가를 들어야 하나.

과학기술과 국가 흥망

_____ 야고부

동로마제국 수도 콘스탄티노플은 난공불락 요새였다. 3면이 바다에 둘러싸인 천혜의 요지에 세워진 데다 해자에 3중 성벽까지 갖췄다. 하지만 1453년 콘스탄티노플은 함락됐고 동로마제국은 건국 1천123년18일 만에 멸망했다.

콘스탄티노플 함락 요인은 여럿이지만 '우르반 대포'가 결정적이었다. 포신이 8.2m에 달하는 이 대포는 609kg의 포탄을 날려보내 견고한 성벽을 부수는 데 성공했다. 대포 제작자 헝가리인 우르반은 처음엔 콘스탄티노플을 찾아 이교도를 물리칠 대포 제조를 제안했으나 쫓겨났다. 이 소식을 들은 오스만제국 술탄 메흐메트 2세는 우르반을 찾아내 원하는 금액의 4배를 주고 대포를 만들었다. 과학기술을 경시한 동로마제국은 멸망의 길을 걸었고, 수용한 오스만제국은 번영의 길을 걸었다.

과학기술은 국가의 흥망(興亡)을 좌우했다. 과학기술을 존중하고 진흥했던 나라는 융성했고 그렇지 않은 나라는 역사의 뒤안길로 사라졌다. 과학기술을 통해 나라를 부강하게 만든 대표적 왕이 조선 세종이다. 세종은 최고 인재들을 활용해 해시계 등 탁월한 과학기술 성과들을 창출했다.

우리나라가 수십 년 만에 경제 강국이 된 것도 과학기술 중시가 큰 힘이 됐다. 박정희 대통령은 1967년 과학기술처 설립 기념사에서 "과학기술 발전 없이 경제성장을 이룰 수는 없다"고 했다. 이 신조대로 과학기술의 씨앗을 뿌리고 과학기술 자립 기반을 구축했다. 과학기술처 신설, 과학기술진흥법과 기술개발촉진법 제정, 과학기술 20년 장기 계획 수립, 과학의 날 제정, 한국과학기술연구소(KIST)와 한국과학원(KAIST) 설립, 서울연구개발단지와 대덕연구단지 조성, 한국통신기술연구소를 비롯한 분야별 전략연구소 설립 등 나열하기 힘들 정도다. 이것이 반도체, 원전 강국을 만든 밑바탕이 됐음은 주지의 사실이다.

윤석열 대통령이 지난주 박 대통령이 세운 구미 금오공대를 찾아 "국가 발전의 동력은 과학기술이고, 그 인재 양성이 가장 중요하다"고 했다. 문재인 정부는 5년간 비과학적 탈원전 자해로 원전산업을 쑥대밭으로 만들고, 비과학적 방식을 동원해 멀쩡한 4대강 보 해체를 결정했다. 과학기술의 중요성을 밝힌 윤 대통령 발언이 반갑기 그지없다.

잃어버린 '국가 성공 방정식' 되찾자

——세풍

　　마거릿 대처가 노동 개혁에 성공한 것은 본인의 리더십 덕분이기도 하지만 영국 국민의 지지가 원동력이 됐다. 장기간에 걸친 노조의 과도한 투쟁에 질린 영국 국민은 1979년 총선에서 대처가 이끄는 보수당에 승리를 안겨줬다. 임기 1기 때엔 실업률이 폭증해 지지율이 20%대까지 떨어지기도 했다. 그러나 개혁 성과가 가시화하면서 영국 국민은 대처에게 열렬한 지지를 보냈다. 그 덕분에 11년 장기 집권한 대처는 '영국병' 치유 성과를 냈다.

　　위대한 나라를 만드는 것은 탁월한 지도자와 현명한 국민이라는 사실은 역사가 증명한다. 지도자는 국가가 나아갈 목표를 명확하게 설정해 국민을 설득하고, 지혜로운 국민이 거기에 지지를 보냈을 때 그 나라는 성공의 길로 달려갔다. 지도자와 국민의 교감(交感), 협력(協力), 동행(同行)이 국가 발전 요인이 됐다. 박정희의 산업화도 지도자의 리더십과 국민의 굳건한 지지가 있었기에 가능했다.

2023년 새해를 맞아 실시한 각종 여론조사에서 윤석열 대통령 지지율이 40%대 안팎을 기록했다. 지난주 조사에서는 지지율이 30% 중후반대로 소폭 하락했다. 나경원 전 의원의 국민의힘 전당대회 출마 여부를 둘러싼 '윤심'(尹心) 논란이 지지율에 부정적 영향을 끼친 것으로 보인다.

작년 8월 지지율이 20%대로 떨어졌던 것과 비교하면 완연한 상승세를 보인 것은 부인하기 어렵다. 윤 대통령 지지율 상승 요인은 두 가지다. 화물연대의 불법적 작업 거부와 민노총의 극한투쟁 때 윤 대통령이 '법과 원칙'을 관철한 것이 지지율 상승에 주효(奏效)했다. 공정·상식·원칙·법치 등 '윤석열다움'을 보여준 데 국민이 지지를 보낸 것이다.

윤 대통령 지지율 상승 요인 중 필자가 더 의미 있게 보는 것은 따로 있다. 윤 대통령이 인기 없는 정책을 추진하겠다는 데에 국민이 지지를 보내기 시작했다는 사실에 주목한다. 윤 대통령이 노동·연금·교육 등 3대 개혁을 기치로 들고나오자 국민이 호응하고 나섰다. 대통령이 개혁과 미래를 국정 어젠다(agenda)로 제시하고, 국민이 거기에 부응해 지지를 보내는 것은 나라를 위해서 천만다행이다.

국가의 지속 가능성과 미래 세대를 위해 노동·연금·교육 개혁은 반드시 해야 할 일이다. 하지만 개혁에 따른 고통이 적지 않기에 인기 없는 정책이다. 지난 5년 동안 인기에 영합한 문재인 정권은 노동·연금·교육 개혁에 손을 놓았다. 문제를 뻔히 알면서도 지지율을 까먹을까 봐 철저히 외면했다. 비록 빈껍데기 지지율은 지켰으나 나라는 골병이 들고 말았다.

노동·연금·교육 등 3대 개혁은 윤 대통령과 국민의 교감과 협력, 동행이 있어야만 성공할 수 있는 사안이다. 인기 없는 정책을 추진하겠다는 윤 대통령 지지율이 오르는 것은 나라의 앞날을 생각하면 매우 반가운 일이다. 미래 세대를 위해 나라다운 나라를 만들겠다는 윤 대통령의 의지에 힘을 실어주자는 공감대가 국민 사이에 형성된 것으로 볼 수 있어서다. 대통령과 국민의 교감이 이뤄졌고 이제 협력과 동행이 시작됐다.

건국 이후 우리는 '국가 성공 방정식'을 만들어내며 선진국으로 도약했다. 대통령들은 나라를 번영의 길로 이끌 국정 어젠다를 제시하고 이를 달성할 리더십과 역량을 보여줬다. 거기에 국민은 지지로 힘을 실어주며 국가 에너지를 결집시켰다. 잃어버린 국가 성공 방정식을 되찾아야 한다.

미래 준비 안 하는 나라에 희망은 없다

———— 세풍

'음수사원'(飮水思源), 물을 마실 때 그 물의 근원을 생각하라는 말이다. 물의 근원은 누가 만들었나. '굴정지인'(掘井之人), 우물을 판 사람이다. 물을 마실 때 우물을 판 사람을 생각하고, 고마워하는 게 인간의 도리다.

물을 마시면서 우물을 판 사람에게 고마워하는 사람을 찾아볼 수 없는 세상이 됐다. 다른 사람이 물을 마시지 못하도록 우물에 침을 뱉는 이들마저 있다. 세상이 망조(亡兆)가 들고 나라가 미쳐 돌아간다는 말이 나오는 이유다.

각설하고 논의의 핵심은 굴정지인, 우물을 판 사람 얘기다. 우물을 판 사람은 자신이 물을 마시기 위해서는 물론 다른 사람을 위해서도 우물을 팠을 것이다. 나중에 누군가가 물을 마시고 갈증을 해소하기를 바라는 마음에서 우물을 파는 수고를 감내했을 것이다.

현대사를 돌아보면 후대(後代)를 위해 우물을 판 세대들이 수없이 존재했다. 베트남과 중동에 가서 달러를 벌어오고, 수출 전선에서 피땀을 흘린 이들이 우물을 판 세대들이다. 외환 위기 극복을 위해 금 모으기에 동참한 사람들도 미래 세대를 위해 우물을 판 사람들이다. 우리가 누리는 경제적 풍요는 앞서 우물을 판 세대들의 노력과 희생 덕분이었다. 그들이 있었기에 지금 우리는 우물물을 맘껏 마시고 있다.

경제 성장을 이끌었던 반도체에서도 우물을 판 이들이 있었다. 먼저 떠오르는 인물이 호암 이병철 삼성 창업주다. 호암이 반도체를 시작해야겠다고 생각한 것은 1982년 미국 방문 직후였다. "언제나 삼성은 새 사업을 선택할 때는 항상 그 기준이 명확했다. 국가적 필요성이 무엇이냐, 국민의 이해가 어떻게 되느냐, 또한 세계시장에서 경쟁할 수 있을까 하는 것 등이 그것이다. 이 기준에 견주어 현 단계의 국가적 과제는 산업의 쌀이며 21세기를 개척할 산업 혁신의 핵인 반도체를 개발하는 것이라고 판단했다." 삼성은 1983년 세계에서 3번째로 64KD램을 개발했다. 일본이 20년 걸려 해낸 일을 1년 안팎의 기간에 해냈다.

반도체처럼 앞선 세대들이 우물을 판 덕분에 잘 먹고살면서도 정작 미래 세대를 위해 우물을 파지 않는 게 지금 대한민국 모습이다. 반도체 특별법은 더불어민주당이 "대기업 특혜"

라며 반대하는 바람에 석 달이 넘도록 국회 문턱을 넘지 못하고 있다. 민주당은 풍력발전법을 안 해주면 반도체법도 안 해주겠다는 해괴한 주장까지 하고 있다. 오죽하면 나라의 미래를 땅에 파묻는 '매국노'(埋國奴)란 개탄까지 나왔겠나.

대한민국 산업화 주역인 박정희 대통령과
이병철 삼성 회장이 담소를 나누는 모습.

반도체 특별법은 공장 인허가 간소화, 수도권 대학 반도체 학과 증원, 시설 투자액 20% 세액공제 등의 내용을 담고 있다. 이렇게 하더라도 미국, 대만, 일본, 중국에 이어 세계 5위인 한국 반도체 위상을 지킬 수 있을지 의문이다. 미국과 중국이 반도체 주도권을 장악하려 총력전을 펼치는 마당에 특별법 하나 처리하지 못하는 한국 반도체의 앞날은 암울할 수밖에 없다.

반도체뿐만 아니다. 서비스업 산업경쟁력을 높이기 위한 서비스산업발전기본법은 11년째 표류 중이다. 노동, 연금, 교육 개혁은 구호만 요란할 뿐 허송세월이다. 우물을 파는 일에 손을 놓고 있다고 해도 과언이 아니다.

우물을 파는 것은 고사하고 우물에 있는 물을 다 마시지 못해 안달이다. 후대를 위해 있는 우물이라도 남겨주면 그나마 다행이련만 우물을 없애는 짓까지 한다. 미래 세대에 나랏빚을 1천조 원이나 물려주는 게 가당키나 한 일인가. 미래를 준비 안 하는 나라에 무슨 희망이 있겠나.

사라진 DNA들

___ 야고부

1973년 삼환기업이 사우디아라비아의 고속도로 건설공사를 수주해 중동 시장에 첫 진출했다. 사우디는 "40일 만에 공사를 끝내 달라"는 조건을 달았다. 근로자 수천 명이 밤에 횃불을 밝히고 도로 건설에 매진했다. 한밤중 횃불에 사우디 국왕이 "난동이 났느냐"고 놀랐다가 사정을 듣고서는 "저렇게 부지런하고 성실한 사람들에겐 공사를 더 많이 맡기라"고 했다.

'사우디 횃불 신화'를 바탕으로 1976년엔 현대건설이 사우디 주베일 항만 공사를 수주했다. 공사 금액이 9억3천만 달러, 당시 우리나라 한 해 예산의 25%에 달하는 대규모 공사였다. 1978년엔 무려 9만 명 이상이 중동 건설 현장에 진출했다.

중동 건설 현장에서 보여준 한국 근로자들의 열정에 중동 국가들은 경탄했다. 강인한 정신력과 근면함은 한국 근로자의 트레이드마크가 됐다. 근로자들이 보여준 불굴의 모습은 한국과 한국인에 대한 좋은 인상을 심어줘 우리 기업들이 세계 각지에 진출하는 데 긍정적 작용을 했다.

무함마드 빈 살만 사우디 왕세자 겸 총리의 한국 방문에서 한국과 사우디가 26건의 투자 계약 및 양해각서(MOU)를 체결했다. 300억 달러(40조2천억 원)에 달한다. 670조 원을 들여 '네옴시티' 건설에 나선 빈 살만 왕세자가 한국에 손을 내민 것은 근면과 불굴의 정신력 등 한국인이 보여준 DNA를 신뢰하기 때문이다. 사우디에서 우리 근로자들이 보여준 신화를 다시 한 번 실현해 주길 바랄 것이다.

사우디에서 촉발한 '제2의 중동 특수'를 우리 것으로 가져오려면 우리에게서 사라진 근면과 불굴의 정신력과 같은 DNA를 되살리는 게 필수다. 오일 쇼크에 빠진 한국 경제를 위기에서 건진 1970년대 중동의 한국 근로자들이 보여준 DNA를 되찾아야 하는 것이다.

그러고 보니 근면, 자조, 협동 등 우리에게서 사라진 DNA가 많다. 가장 심각한 것은 옳고 그름을 판단하는 DNA가 없어진 것이다. 모든 사안을 네 편, 내 편에 따라 판단을 정반대로 하는 '이상한 나라'가 되고 말았다.

53년 전 야당=민주당

_____ 야고부

선배 언론인 한 분이 일독하라며 박정희 대통령의 1969년 10월 10일 대국민 담화문 일부를 보내왔다. 가슴을 때리는 글이었다.

'내가 해온 모든 일에 대해서 지금까지 야당은 반대만 해왔던 것입니다. 나는 진정 오늘까지 야당으로부터 한마디의 지지나 격려도 받아보지 못한 채 오로지 극한적 반대 속에서 막중한 국정을 이끌어 왔습니다. 한일 국교 정상화를 추진한다고 하여 나는 야당으로부터 매국노라는 욕을 들었으며 월남에 국군을 파병한다고 하여 "젊은이의 피를 판다"고 그들은 악담을 하였습니다. 없는 나라에서 남의 돈이라도 빌려 와서 경제 건설을 서둘러 보겠다는 나의 노력에 대하여 그들은 "차관 망국"이라고 비난하였으며 향토예비군을 창설한다고 하여 그들은 국토방위를 "정치적 이용을 꾀한다"고 모함하였고 국토의 대동

맥을 뚫는 고속도로 건설을 그들은 "국토 해체"라고 비난하였습니다.'

사사건건 발목을 잡는 야당에 대한 울분과 한스러움이 담화문 곳곳에 묻어난다. 박 대통령은 "만약 야당의 반대에 못 이겨 이를 중단하거나 포기했더라면 과연 오늘 우리가 설 땅은 어디겠습니까"라며 격정을 토로했다.

'박정희 독재'를 가능하게 했던 것은 아이러니하게도 당시 야당이라고 할 수 있다. 경부고속도로 건설 반대 등 대안은 없이 사사건건 반대만 일삼은 야당에 국민이 지지를 보내지 않은 것은 당연했다. 야당이 수권 능력을 보여주지 못한 탓에 박 대통령의 장기 집권이 가능했던 것이다.

윤석열 정부 출범 후 6개월 동안 정부가 국회에 제출한 법안 77건 중 한 건도 국회 본회의를 통과하지 못했다. 국회를 장악한 더불어민주당이 정부 법안 발목 잡기로 새 정책을 펴 볼 기회조차 주지 않고 있는 것이다. 민주화 이후 출범한 정부 가운데 첫 6개월 동안 법안을 제출해 하나도 통과시키지 못한 건 윤 정부가 사실상 처음이다. 53년 전 박 대통령이 개탄한 야당과 지금의 민주당이 쌍둥이처럼 닮았다.

청와대 답사기

___ 야고부

지난주 재구상주향우회 회원들과 함께 개방된 청와대를 다녀왔다. 주말 청와대는 인산인해를 이뤘다. 청와대가 넓다는 데 놀랐다.

공간적으로는 넓지만 대통령과 가족이 거주하는 관저 등을 보면서 폐쇄적이란 느낌을 받았다. 본관에서 멀리 떨어진 관저는 북악산 밑에 웅크리고 있었다. 공간이 정신을 지배한다고 했다. 폐쇄된 관저에서 생활한 탓에 대통령들의 사고가 폐쇄적이 됐던 것 아닌가 하는 생각이 들었다.

관저 뒤편을 돌면서 열린 창문으로 옷장이 보였다. 문재인 전 대통령 부인 김정숙 여사의 옷 문제가 도마에 올랐던 터여서 옷장에 관심을 보이는 관람객들이 적지 않았다.

1993년 철거된 옛 청와대 자리엔 '청와대 구 본관 터(경무대)'란 표지만 남아 있었다. 박정희 대통령을 비롯한 역대 대통

개방된 청와대를 시민들이 관람하고 있다

령들의 흔적이 깃든 공간이 사라진 데 대한 아쉬움이 들었다. 일제가 세웠다고 하지만 옛 청와대 건물도 엄연한 역사의 공간이었던 만큼 보존하는 게 낫지 않았을까란 생각에 이르게 됐다.

　개인적으로 청와대 방문에서 가장 상념이 많았던 곳은 두 곳이었다. 우선 충무실. 대통령이 장관이나 수석 등에게 임명장을 수여했던 곳이다. 인사에 실패한 대통령들이 적지 않았던 만큼 충무실을 둘러보면서 대통령 인사의 중요성을 다시 한번 생각하게 됐다.

　다른 한 곳은 관저에서 오운정으로 올라가는 산길이었다.

미국산 소고기를 먹으면 광우병에 걸린다는 근거 없는 논리를 내세운 세력을 중심으로 촉발한 2008년 광우병 사태 때 이명박 전 대통령이 광화문 앞 촛불을 보고 노래 '아침이슬'을 부르며 눈물을 흘렸다는 곳이다.

  대통령은 고독한 존재이지만 나약한 존재가 되어서는 안 된다. 대통령이 함부로 눈물을 흘려서도 안 된다. 서독을 방문했을 때 독일에서 일하던 광부들, 간호사들과 함께 흘린 박정희 대통령의 눈물이 대통령다운 눈물이었다. 관저 뒤편 산길에서 대한민국 대통령의 진정한 리더십이 무엇인지 오랫동안 상념에 잠겼다.

거인의 어깨에 올라서라

―― 세풍

'STANDING ON THE SHOULDERS OF GIANTS'. '거인의 어깨에 올라서서'란 뜻이다. 영국 2파운드짜리 동전 테두리에 새겨진 글귀다. 이 말을 자주 한 사람은 영국 과학자이자 왕립 조폐국장을 지낸 뉴턴으로 알려졌다. 자신의 과학적 발견을 주변 사람이 칭찬할 때면 뉴턴은 "내가 남보다 더 잘 보고 더 멀리 봤다면 거인들의 어깨에 올라설 수 있었던 덕분"이라고 했다.

사실 '거인의 어깨에 올라서서'의 원작자는 12세기 중반 '샤르트르의 베르나르'란 프랑스 신학자다. "난쟁이가 거인의 어깨에 올라타면 거인보다 멀리 볼 수 있다." 이 표현이 뉴턴 말보다 더 선명하게 다가온다.

시대를 리드한 거인(巨人)들의 리더십을 천착하면 후인들이 나아갈 길이 보이는 것은 동서고금이 마찬가지다. 거인들의 업적을 바탕으로 삼으면 자신의 앞에 놓인 문제를 획기적으로 해결할 수 있다. 퇴계 이황도 이런 시조를 남겼다. '고인(古人)도 날 못 보고 나도 고인 못 뵈/ 고인을 못 뵈도 녀던 길 알패 잇내/ 녀던 길 알패 잇거든 아니녀고 엇뎔고'. 길을 가르쳐 준다는 점에서 거인과 고인은 같은 존재다.

중국 공산당 총서기 3연임을 통해 '시(習)황제'를 꿈꾸는 시진핑 국가주석이 전범(典範)으로 삼아야 할 거인은 덩샤오핑이다. 1974년 4월 유엔 회의에서 덩샤오핑은 이런 연설을 했다. "만일 어느 날 중국이 색깔을 바꿔 초강대국이 되어 세계를 지배하고, 다른 나라를 괴롭히고, 다른 나라를 침략하고 착취한다면, 전 세계인들은 중국을 '사회제국주의'라고 반드시 비판해야

한다. 그리고 그들은 중국의 본색을 만천하에 드러나게 하여 반대하고 맞서야 하며, 중국 인민들과 함께 타도하여야 한다."
덩샤오핑의 염려 이상으로 시진핑과 중국 공산당은 패권 국가의 길로 달려가고 있다. 사회제국주의를 넘어 일인 독재체제로 가는 중국을 보며 덩샤오핑은 가슴을 칠 것이다.

이재명 더불어민주당 대표가 본보기로 삼아야 할 거인은 영국 총리를 지낸 마거릿 대처다. 노조 때문에 국운이 기울었던 영국 경제를 살린 대처는 핸드백 속에 '10가지 할 수 없는 일'(10cannots)이란 메모장을 넣고 다니며 국정을 운영했다. 이 경구는 대처가 만든 게 아니라 윌리엄 보테커라는 목사가 1916년에 썼던 글이다. 이 중 이 대표가 명심할 것은 다음 네 가지다. 강한 사람을 약하게 만들어 약한 사람을 강하게 만들 수는 없다, 월급을 주는 사람을 끌어내려 월급 받는 사람을 끌어올릴 수는 없다, 부자를 망하게 만들어 가난한 자를 도울 수는 없다, 소득보다 더 많이 쓰면 문제에서 벗어날 수 없다. '강한 자를 누르고 약한 자를 도와준다'는 억강부약(抑强扶弱), 나랏돈을 퍼붓는 포퓰리즘 정책들을 쏟아내는 이 대표가 새겨야 할 경구다.

윤석열 대통령이 모범으로 삼아야 할 거인은 박정희 대통령이다. 윤 대통령은 대선 후보였던 올 2월 박 대통령 생가를 찾아 '박정희 대통령의 경제·사회 혁명 다시 제대로 배우겠습니다'고 방명록에 적었다. 윤 대통령이 천명한 자유민주주의, 법치와 공정을 다시 세우려면 박 대통령 리더십을 본받아야 한다. 미래를 내다보는 혜안과 적재적소에 사람을 쓰는 용인술, 불도저 같은 추진력 말이다. 박 대통령은 "내 무덤에 침을 뱉어라"란 말을 자주 했다. 후세를 위해 어떤 일을 해야 할지 명확하게 파악하고 강하게 추진한 그의 의지를 표현한 말이다. 윤 대통령이 뇌리에 각인해야 할 어록이다.

대통령 지지율보다 더 중요한 것

___ 야고부

1968년 경부고속도로를 건설할 당시 야당과 언론의 반대가 격렬했다. 한 해 정부 예산이 1천600억 원이던 시절 건설비만 400억 원으로 추산되는 고속도로를 만들겠다는 데 반발이 쏟아진 것은 당연했다. 야당은 "차도 없는 나라에 고속도로가 웬 말이냐" "고속도로 만들어 봤자 서민들은 이용하지도 못하고 돈 많은 자들이 놀러 다니기만 좋게 할 것"이라는 비판을 쏟아냈다.

당시에 박정희 대통령 국정 수행 지지율을 조사했다면 지지율은 한 자리에 그쳤을 것이다. 야당과 언론이 쌍수를 들고 반대하는 마당에 지지율이 높게 나올 리 만무했을 것이다. 하지만 박 대통령은 강한 추진력으로 밀어붙여 2년 5개월 만에 428km '경제 대동맥' 경부고속도로를 건설했다. 이 도로가 산업화를 견인하는 중추적 역할을 했고, 후일 야당과 언론은 깊이 반성할 수밖에 없었다. 그 당시 날마다 대통령 지지율을 조사·발표했다면, 박 대통령이 지지율에 일희일비하는 대통령이었다면 경부고속도로는 만들지 못했을 것이다.

윤석열 대통령이 대선 득표율(48.56%)보다 크게 떨어진 지지율에 대해 성찰(省察)하는 것은 바람직하다. 민심을 경청하는 것은 대통령 책무 중 하나다. 그러나 대통령에게 지지율보다 더 중요한 게 있다. 나라의 미래를 위해 대통령으로서 반드시 해야 할 일을 하는 것이다.

대통령이 시청률에 목을 매는 TV 예능·드라마 PD처럼 굴어서는 나라가 제대로 돌아갈 수 없다. 지지율 등락에 국정 운영이 흔들려서는 안 된다. 지지율에 연연해서 해야 할 일을 하지 않거나 인기를 얻으려 잘못된 정책을 추구하는 포퓰리즘을 더 경계해야 한다.

지난 대선 때 이재명 후보를 찍었던 사람들이 윤 대통령 지지로 돌아서는 것은 쉽지 않다. 윤 대통령이 어떤 노력을 하고, 어떤 성과를 보이더라도 그들은 마음을 열지 않을 것이다. 윤 대통령이 지지율 60%를 돌파하는 것은 난공불락이다. 지금 윤 대통령에게 지지율 올리기보다 더 중요한 것이 있다. 문재인 정권에서 저질러 놓은 적폐들을 청소하는 것과 같은 대통령으로서 마땅히 해야 할 일을 하는 것이다. 해야 할 일을 하는 대통령 모습을 보여주면 보수층은 물론 중도층이 윤 대통령에게 지지를 보낼 것이다.

대통령 대차대조표

___ 야고부

1966년 박정희 대통령이 필리핀을 방문했다. 월남전 참전 7개국 정상이 참여하는 마닐라 정상회의에 참석하기 위해서였다. 박 대통령에게 배정된 호텔 방은 다른 정상들은 물론 미국 국무장관 방보다 작았다. 박 대통령은 마르코스 필리핀 대통령으로부터 푸대접을 받았다.

마르코스가 박 대통령을 홀대한 것은 월남전 파병으로 미국 원조를 끌어낸 박 대통령에 대한 견제 때문이었다. 한국이 필리핀에 비해 경제력이 떨어지는 것도 박 대통령에 대한 홀대로 이어졌다. 당시 필리핀의 1인당 국민소득은 269달러였지만 한국은 130달러에 불과했다. 하지만 두 사람이 권력에서 물러났을 때엔 한국과 필리핀의 처지가 역전됐다. 박 대통령이 서거한 1979년 한국 국민소득은 1천640달러로 급증했다. 마르코스가 권좌에서 쫓겨난 1986년 필리핀 국민소득은 한국(2천803

달러)의 5분의 1로 쪼그라들었다. 지금 필리핀 국민소득은 3천 300달러, 한국은 3만5천 달러로 10배 이상 차이가 난다.

두 나라 위상이 뒤바뀐 요인은 여러 가지가 있을 것이다. 그 중 하나가 대통령 역량(力量) 차이다. 미래를 내다보는 혜안과 통찰력에서 차이가 났다. 한일기본조약을 통해 들여온 자금을 박 대통령은 경부고속도로 건설 등 산업화의 마중물로 활용했다. 반면 마르코스는 체육관 건립 등 국민 인기를 얻는 데 썼다.

문재인 전 대통령의 탈원전 정책이 없었다면 한국전력이 올 1분기 손실액을 1조5천억 원 줄일 수 있었던 것으로 나타났다. 발전 단가가 싼 월성 1호기 등 원전 4기를 가동하는 대신 값비싼 LNG 발전으로 대체한 탓에 한전이 1분기에만 1조4천648억 원의 손실이 더 생겼다는 것이다. 한전 손실은 탈원전 피해 가운데 빙산의 일각이다. 탈원전으로 인한 경북 지역 피해액만 29조 원에 육박한다. 원전 수출 좌절, 관련 업체들 피해 등에다 향후 전기요금 인상과 혈세 투입 등 탈원전 피해는 상상조차 어렵다. 대통령 한 사람의 잘못된 정책 결정으로 국가와 국민이 두고두고 피해를 당하게 된 것이다.

역대 대통령들이 남긴 공(功)과 과(過)를 따져 대차대조표를 만든다면 대통령들의 업적은 분명하게 갈릴 것이다. 대통령이 되는 것도 어렵지만 잘 하기는 더 어렵다. 윤석열 대통령이 명심해야 할 교훈이다.

민심의 바다에 법치 공정의 배 띄워라

―― 세풍

대통령 이름 뒤에 '정부' '정권' '시대'라는 단어들이 붙는 것만 봐도 대통령 자리가 지닌 무게를 알 수 있다. 왕에 비유될 만큼 막강한 권력을 가진 대통령이 바뀐다는 것은 나라 전체가 달라지는 것으로 여겨도 지나치지 않다.

10일 0시부터 윤석열 대통령 임기가 시작됐다. 윤석열 정부, 윤석열 정권, 윤석열 시대가 열렸다. 앞으로 5년은 윤 대통령을 찍은 사람들에겐 희망의 시간, 이재명 전 경기지사를 찍은 사람들에겐 인내의 시간이 될 것이다.

윤 대통령이 처한 상황은 직선제 이후 선출된 대통령들 중 가장 열악(劣惡)하다. 대통령의 손발이 될 내각조차 제대로 꾸리지 못했다. 국무총리 후보자와 18개 부처 장관 후보자 중 인사청문보고서가 채택된 사람은 7명에 불과하다. 총리·장관 후보자들의 흠결 탓도 있지만 다수 의석을 앞세운 더불어민주당의 횡포가 주된 원인이다.

　후임 대통령을 과도할 정도로 공격한 문재인 전 대통령이 양산 사저로 간 뒤 입을 닫을 가능성도 별로 없다. 자신과 가족, 측근들에 대한 수사를 정치 보복으로 포장하기 위해, 지지층을 계속 잡아두기 위해 윤 대통령과 정부를 계속 공격할 것이다. 대권을 놓친 이재명 전 경기지사도 같은 이유로 같은 언행을 할 게 분명하다. 민주당의 입법 독재도 다음 총선까지 이어질 것이다. 윤 대통령을 찍지 않은 사람들이 마음의 문을 열지도 불투명하다.

　거야(巨野)의 패악 등 임기 시작부터 난관들에 봉착한 윤 대통령은 돌파구를 찾으려 할 것이다. 당장 6·1 지방선거 압승으로 정국 주도권을 확보하는 방안을 모색할 수 있다. 3당 합당으로 여소야대(與小野大)를 여대야소로 바꾼 노태우 전 대통령을 모델로 삼을 수도 있다. 그러나 이는 미봉책일 뿐이다.

　윤 대통령이 어려움을 헤쳐 나가는 데엔 편법이 아닌 정도(正道)를 우선하는 게 옳다. 검찰총장 윤석열을 대통령으로 만든 원동력은 법치(法治)와 공정(公正)이다. 문재인 정권의 법치 유린을 법으로 심판하고, 만연한 불공정을 청산하라는 민심이 윤석열을 대통령으로 밀어 올렸다. 윤석열 5년이 법치와 공정의 시대가 되기를 국민은 염원하고 있다.

　오늘 윤 대통령 취임사에도 법치와 공정이 화두가 될 것이

윤석열 대통령이 서울 여의도 국회의사당 앞 잔디마당에서 열린
대통령 취임식에서 선서하는 모습

다. 취임사에 반(反)하는 국정을 펼친 문 전 대통령은 윤 대통령에게 반면교사(反面教師)다. 자신을 대통령으로 만들어준 법치와 공정을 한시도 놓쳐서는 안 된다. 법치와 공정이란 산은 쌓기는 어려워도 무너지는 것은 한순간이다. 윤 대통령 본인과 부인, 측근들로 인해 법치와 공정이 훼손되는 일이 벌어진다면 회복 불가 수준으로 추락할 것이다.

민주당은 벌써 공약 파기 등을 운운하며 윤 대통령 공격에 나섰다. 공약은 지키는 게 원칙이다. 하지만 실현 불가능한 공약을 지키느라 나라 곳간이 허물어지고 국가의 근본이 훼손되는 것을 원하는 국민은 없다. 법치와 공정, 나라를 유지하기 위한 차원의 공약 파기는 국민이 이해할 수 있다.

윤 대통령에게 국민이 바라는 것은 정치 기술이 아니다. 문전 대통령처럼 눈앞의 지지율과 지지 진영 주장에 휩쓸려서는 안 된다. 정권 비리를 꿋꿋하게 수사한 검사였던 것처럼 법치와 공정을 우직하게 실현하는 대통령이 되기를 바라고 있다. 국정 과제 수행도 중요하지만 법치와 공정이 훨씬 더 무거운 책무임을 윤 대통령은 명심해야 한다. 민심의 바다 위에 법치와 공정의 배를 띄워라. 이렇게 해야 국민 지지를 얻을 것이고, 성공한 대통령이 될 수 있다.

문재인의 5년, 윤석열의 5년

─ 세풍

　국정(國政)은 축적(蓄積)의 산물이다. 전임 대통령이 후임 대통령에게 자신의 경험과 지식을 전해 주고, 후임 대통령은 전임 대통령에게 가르침을 청하는 것은 당연한 일이다.
　윤석열 대통령 당선인과 문재인 대통령도 외견상(外見上)으로는 이런 모습을 취했다. 윤 당선인은 대선 다음 날 문 대통령의 축하 전화를 받고 "많이 가르쳐 달라"고 했다. 청와대 상춘재에서 문 대통령을 만난 자리에서도 윤 당선인은 "많이 도와 달라"고 했고, 문 대통령은 "저의 경험을 많이 활용해 달라. 돕겠다"고 했다.
　'문재인 5년'이 성공했다면 윤 당선인이 문 대통령에게 가르침을 받고, 문 대통령의 경험·지식을 전수받는 게 마땅하다. 하지만 '문의 5년'은 '윤석열 5년'의 전범(典範)이 될 수 없다. 문 대통령과 그의 정권이 실패로 귀결(歸結)됐기 때문이다.

문 대통령 지지자들은 태평성대라고 강변하지만 대다수 국민에겐 고통의 시대였다. 나쁜 의미에서 한 번도 경험하지 못한 나라를 숨이 넘어갈 정도로 겪었다.

윤 당선인에게 문 대통령은 반면교사(反面敎師)일 뿐이다. 문 대통령의 실패를 통해 '윤의 5년'을 이끌어 갈 지침(指針)을 얻는 게 맞다. 탈원전 정책 폐기, 부동산 임대차 3법 개정 등 문 대통령과 반대되는 정책들을 들고 나온 것은 예견된 수순(手順)이다.

개별 정책들에 대한 폐기·수정을 통해 윤 당선인이 문 대통령과 차별화하는 것도 필수적이지만 더 중요하고 시급한 게 있다. 국정 원칙(原則)을 바로잡는 것이다.

첫째는 이념(理念)에서 실용(實用)으로의 전환이다. '문의 5년'은 잘못된 이념이 국정을 좌지우지했다. 경제 정책은 물론 북한 및 중국·미국·일본과의 외교가 그릇된 이념에 매몰됐다. 윤 당선인이 "가장 중시해야 하는 것은 실용주의고 국민의 이익"이라고 한 것은 맥(脈)을 잘 짚은 것이다. 총리 및 장관 1차 인선에서 실용주의 면모가 확인된 것은 반가운 일이다.

둘째는 과거(過去)가 아닌 미래(未來)로 달려가는 것이다. 적폐 청산에 '죽창가'까지 '문의 5년'은 과거가 판을 쳤다. 상대를 공격하는 수단으로 과거를 끝없이 소환했다. 이로 인해 국정은 뒷걸음쳤고, 국민은 둘로 갈라졌다. 국정 방향을 미래로 타기팅(targeting)하는 게 급선무다.

셋째는 단절(斷絶) 대신 계승(繼承)에 주안점을 둬야 한다. 문 대통령은 보수 정권에서 이룬 성과들을 누리면서도 앞선 정권을 부정하고 폄훼했다. 김대중·노무현 정권만 받들었을 뿐이다. 윤 당선인은 음수사원(飮水思源)을 염두에 두고, 국민 이익에 부합한다면 문 정권은 물론 진보 정권 정책들을 계승해야 한다.

넷째는 국민을 갈라치지 말고, 통합(統合)하라는 것이다. 문 대통령은 조국 사태 등에서 지지층만 바라보는 갈라치기로 일관했다. 덕분에 지지율은 지켰지만 국민은 찢어지고 말았다. 지지율이 떨어지더라도 윤 당선인은 국가·국민에게 필요한 일을 하는 대통령이 돼야 한다. 대통령이 국민 모두의 대통령이 되는 것을 국민은 학수고대(鶴首苦待)하고 있다.

윤 당선인에 대한 기대치가 역대 당선인들에 비해 낮다. 다른 당선인들의 70%는 고사하고 50% 안팎이다. 이는 윤 당선인에겐 오히려 약(藥)이 될 수 있다. 오만에 빠지지 않고 겸손한 자세로 국정을 이끌어갈 수 있다. 앞에서 든 국정 원칙을 지킨다면 비록 시작은 미미하더라도 끝에는 성공할 수 있다.

지역감정 선동 대선 후보

_____ 야고부

　　작년 12월 대구경북을 방문한 이재명 더불어민주당 대선 후보가 박정희 대통령에 대해 '칭송'을 늘어놨다. 누구보다 박 대통령을 혹독하게 비판했던 이 후보 입에서 나온 박 대통령에 대한 긍정 평가 발언들은 뜨악할 정도였다. 그러나 대구경북 표를 얻으려는 궁여지책(窮餘之策)에서 나온 칭송이기에 필자는 이 후보의 박 대통령 평가가 조만간 달라질 것이라고 예측했다.

　　말 바꾸는 데 선수인 이 후보, 역시나 예상에서 한 치도 벗어나지 않았다. 지난주 광주 유세에서 이 후보는 "박정희 정권이 자기 통치 구도를 안전하게 만든다고 경상도에 집중적으로 투자하고 전라도는 일부 소외시켜서 싸움을 붙였다"고 했다. 또한 "제가 열세 살에 공장을 갔더니 이상하게 관리자는 경상도 사람, 말단 노동자는 다 전라도 사람이었다"고 했다. 경부고속도로 건설 등 박 대통령을 칭송했던 이 후보가 박 대통령을 영

호남 지역 차별, 지역 갈등의 원인 제공자라고 '저격'한 것이다.

지역감정을 부추긴 이 후보의 광주 발언은 동기, 의도 모두 불순하기 짝이 없다. 이 후보는 경기 지역 순회 일정을 급히 변경하고 광주를 찾았다. 송영길 민주당 대표가 광주 아파트 붕괴 사고 현장에서 쫓겨나고, 텃밭인 호남 지지율이 기대에 못 미치자 부랴부랴 광주를 방문해 원색적인 지역감정 조장 발언들을 쏟아냈다. 아무리 표가 급하다고 하더라도 용서받을 수 없는 일이다.

이 후보의 이중성(二重性)도 지적하지 않을 수 없다. 이 후보는 지난해 7월 경북 안동을 방문해서는 "지금은 영남이 역차별 받는 상황"이라고 했다. 호남에 가서는 박정희 대통령을 타깃으로 삼아 지역감정을 선동하고, 대구경북에서는 문재인 정권을 겨냥하며 지역감정을 부추기는 식이다. 지역을 넘어 국민통합에 앞장서야 할 대통령 후보로서 매우 부적절하다.

지금 대한민국은 진영, 이념, 남녀, 세대, 빈부 등 '갈등 공화국'이라고 해도 과언이 아니다. 이런 마당에 표를 얻으려고 적나라한 지역감정 선동 발언들을 쏟아내는 것은 대통령 후보 자격을 의심하게 하는 행태다. 국민을 편 가르기해 정략적 이득을 취한 문 정권을 답습하겠다는 말인가. 지역감정 앞에 '망국적'이라는 수식어가 붙는 이유를 이 후보가 깊이 성찰하기 바란다.

이재명은 박정희가 될 수 없다

———— 세풍

늦은 감이 있지만 이재명 더불어민주당 대선 후보의 3박 4일 대구경북 방문을 짚고 넘어가지 않을 수 없다. 15개 시·군을 돌면서 쏟아낸 이 후보의 발언에 문제가 있어서다. 대구경북 출신 역대 대통령들을 제 주머니 속의 공깃돌처럼 마구 취급(取扱)하는 그의 경박(輕薄)함에 매우 놀랐다.

특히 박정희 대통령에 대한 이 후보의 표변(豹變)은 무서울 정도다. 인권을 침해한 독재자라고 규탄하더니 이번 방문에선 산업화 주역이라며 180도 말이 달라졌다. "명백한 과오가 있긴 하지만 대한민국을 산업화를 통해 경제 대국으로 만든 공이 있는 사람"이라는 등 사흘 연속 입을 댔다. "대구 경북이 낳은, 평가는 갈리지만 매우 눈에 띄는 정치인이 있었다. 박정희다"라고도 했다.

이 후보는 누구보다 박 대통령을 혹독(酷毒)하게 평가했던 장본인(張本人)이다. 그랬던 인사의 입에서 나오는 '박정희 찬양'에 아연실색(啞然失色)하지 않을 수 없다. 2017년 민주당 대선 경선 예비 후보 등록을 마친 이 후보는 국립서울현충원을 찾아 김대중·김영삼 전 대통령 묘역을 참배하면서도 박 대통령 묘역은 방문하지 않았다. 그러면서 "인권을 침해한 독재자에게 고개를 숙일 수는 없었다"고 했다. 또 "이승만과 박정희 전두환과 노태우 이명박과 박근혜로 이어지는 친일 독재·매국·학살 세력이 이 나라 다수 국민을 힘들게 하고 있다"고 했다. 이렇게 일구이언(一口二言)하는 후보를 어떻게 국민이 믿을 수 있나.

박 대통령에 대한 긍정 평가를 넘어 이 후보는 '박정희 코스프레'까지 하고 나섰다. 이 후보는 "박정희 시대 고속도로가 전국의 산업화를 이끌었던 것처럼 에너지 고속도로가, 바람과 태양이 여러분들을 부유하게 만드는 큰 자원이 되는 길을 만들어 드리겠다"고 했다. 박 대통령이 세운 구미 금오공대를 찾아가서는 "국가의 대대적인 투자를 통해서 박정희 전 대통령이 한 것처럼 강력한 경제 부흥 정책을 하겠다"고 했다. 자신을 박 대통령에게 오버랩(overlap)시켜 대구경북 표를 얻으려는 술책(術策)이다.

지난 대선 당시 이재명(왼쪽)·윤석열(오른쪽) 후보의 대구경북 유세모습

　박 대통령 따라 하기에 이 후보가 열을 올리지만 결론적으로 이재명은 박정희가 될 수 없다. 포퓰리스트(populist)라는 결정적 한계를 갖고 있기 때문이다. 전 국민 재난지원금, 기본소득, 국토보유세를 내걸었다가 득표에 도움이 안 될 것 같자 국민을 들먹이며 말을 바꾸는 이 후보는 전형적(典型的)인 포퓰리스트다. 야당 등의 반대를 물리치고 국가 발전을 위해 경부고속도로, 베트남 파병을 한 박 대통령을 이 후보가 따라간다는 것은 족탈불급(足脫不及)이다.
　박 대통령은 생전에 "내 무덤에 침을 뱉어라"라는 말을 자주 했다. 반대자들을 묵살하는 오만(傲慢)에서 나온 말이 아니라, 후세를 위해 어떤 일을 해야 할지 명확하게 파악하고 강하게 추진한 그의 의지를 함축적으로 표현한 말이다. 조변석개(朝變夕改)에 가까운 언행을 하는 이 후보에게서 박 대통령의 결기와 진중함, 철학과 역사의식이 안 보인다.

TK 출신 대통령들

___ 야고부

　역대 대통령 12명 중 대구경북 출신이 5명이나 된다. 전체 인구에서 지역이 차지하는 비율을 고려하면 대통령을 많이 배출했다. 근대화·산업화에서 중추적 역할을 하는 등 대구경북이 국가를 리드한 덕분에 대통령이 많이 나온 것으로 볼 수 있다.

　전두환 전 대통령 별세로 TK 출신 대통령들의 위상과 평가에 대해 돌아보게 된다. 박정희, 전두환, 노태우 세 명은 고인이 됐고 이명박, 박근혜 두 명은 감옥에 있다. 지역 출신 대통령들에 대한 좌파의 공격은 도를 넘은 지 오래됐다. 공과(功過)에 대한 제대로 된 평가는 없이 일방 매도가 끝 간 데 없다. 우파가 집권하는 길을 차단하려는 목적에서 자행되는 일이란 의심까지 든다.

　문재인 대통령이 '국민과의 대화'에서 세계 '톱 10'의 나라가 된 한국의 성취를 두고 "우리 정부만이 이룬 성취가 아니라 역대 모든 정부의 성취가 모인 것이고, 오랜 시간 우리 국민이 노력해 이룬 성취"라고 했다. 좌파 정부만이 아닌 우파 정부를 포함한 역대 모든 정부의 성취가 모인 것이란 문 대통령 발언이 새삼스럽다. 6개월 후면 '전직'이 될 문 대통령이 임기를 마무리하는 시점에서야 역대 정부가 켜켜이 쌓은 성과로 오늘의 대한민국이 됐다는 사실을 깨달은 것인가.

    2차 세계대전 이후 70년 동안 가장 성공한 나라가 한국이다. 여기엔 국민의 피땀과 역대 대통령들의 노력이 같이 깃들어 있다. 좌파 대통령들의 공헌을 뛰어넘을 정도로 우파 대통령들의 역할이 컸다. 정권이 바뀔 때마다 상대 진영 역대 대통령들을 부정하고 폄훼하는 일은 멈출 때가 됐다. 역대 대통령들을 다 품을 수 있을 정도로 국민 수준이 올라갔다. 정치적 목적을 위해 악용하는 정치인들이 문제다.

    대한민국을 산맥이라고 하면 역대 대통령들은 산봉우리라고 할 수 있다. 부정하고 폄훼한다고 해서 산봉우리를 없앨 순 없다. 역대 대통령들의 공과를 알아야 더 나은 미래를 만들 수 있다. 역사 속에서 이들을 평가하는 게 옳다. 분열을 넘어 화합의 나라를 만들기 위해서도 꼭 해야 할 일이다.

'대한민국 구하기'

_____ 야고부

　　최재형 전 감사원장이 "부친이 마지막으로 남긴 말씀처럼 '대한민국을 밝히겠다'는 생각으로 정치에 뜻을 두고 뚜벅뚜벅 걸어가겠다"며 대권 도전 의지를 밝혔다. 최 전 원장 부친 최영섭 예비역 대령은 "대한민국을 밝히라"는 유언을 남겼다.

　　최 대령은 6·25 당시 해군 최초의 전투함인 백두산함 갑판사관으로 복무하며 북한 인민군의 무장수송함을 격침시킨 대한해협해전의 전쟁 영웅이었다. 최 대령은 박정희 대통령의 생명을 구하기도 했다. 국가재건최고회의 의장 자격으로 울릉도를 방문한 박 대통령이 풍랑으로 보트가 흔들려 바다에 빠지자 최 대령이 뛰어들어 업어서 뭍으로 나왔다.

　　며칠 전 1주기를 맞은 백선엽 장군도 박 대통령 목숨을 구해준 적이 있다. 백 장군은 1949년 남로당 세력을 색출하는 숙군 과정에서 당시 박정희 소령이 조직책으로 지목돼 사형을 선고발자 구명에 나섰다. 백 장군이 생명의 은인인 셈이다.

　대한민국을 부정하고, 박 대통령을 폄훼하는 세력에게 최 대령과 백 장군은 '미운 사람'일 것이다. 두 사람이 박 대통령 목숨을 구하지 않았다면 '박정희 독재'는 아예 없으리라 여길 것이기 때문이다. 반대로 대한민국을 자랑스러워하고, 산업화 등 박 대통령의 공(功)을 인정하는 이들에겐 최 대령과 백 장군은 '고마운 사람'이다. 세 사람의 인연은 이 나라에는 천우신조(天佑神助)라 해도 과언이 아니다.

　최 대령은 "대한민국을 밝히라", 백 장군은 "중국 믿을 수 없다. 미국과 함께 가야 한다"는 유언을 남겼다. 공통적으로 두 사람의 유언에서 이 나라의 암울한 현실에 대한 걱정이 고스란히 묻어난다. 최 전 원장, 윤석열 전 검찰총장 등 야권 대선 주자들의 출마의 변(辯)은 한마디로 '대한민국 구하기'로 집약할 수 있다. 문재인 정권이 5년 동안 망쳐 놓은 나라를 되살리겠다는 데 방점이 찍혀 있다. 정권 교체를 통해 되돌리고, 회복하고, 고칠 것들이 너무나 많다.

　최 대령과 백 장군은 1세기 안팎의 신산(辛酸)한 삶을 통해 후인(後人)들에게 깊은 울림을 남겨줬다. 대한민국 구하기에 성공해 두 사람의 유언에 답을 해야 할 순간이 하루하루 다가오고 있다. 내년 대통령 선거가 갖는 역사적 의미가 중차대한 까닭도 바로 여기에 있다.

대통령 국빈 방문

___ 야고부

　　대통령들의 국빈 방문 중 국민 뇌리에 선명히 각인된 것은 박정희 대통령의 1964년 서독(西獨) 방문이다. 감동과 메시지, 국가 발전에 결정적 역할을 했기 때문이다.
　　박 대통령 부부는 서독에 가기 위해 일본 도쿄에서 루프트한자의 보잉707 여객기를 탔다. 서독 정부는 1등석과 2등석 절반을 비우게 하고 중간에 커튼을 친 다음 우리 측에 제공했다. 다른 승객들의 기착지를 경유한 탓에 본 공항에 도착하는 데 28시간이나 걸렸다.
　　서독에서 박 대통령은 자동차 전용도로 아우토반을 달렸다. 노면과 중앙분리대, 교차로를 꼼꼼하게 살폈다. 박 대통령이 고속도로를 건설하는 데 아우토반이 모델 역할을 했다. 서독 총리와의 회담에서 담보가 필요 없는 재정차관 2억5천만 마르크를 제공받는 성과도 거뒀다.

박 대통령 부부는 함보른 탄광회사 강당에서 한인 광부 300여 명, 한인 간호사 50여 명을 만났다. 애국가를 부를 때부터 박 대통령 부부와 광부, 간호사들은 눈물을 쏟았고, 박 대통령은 원고 대신 즉흥 연설을 했다. "비록 우리 생전에 이룩하지 못하더라도 후손을 위해 남들과 같은 번영의 터전만이라도 닦아 놓읍시다." 연설은 이어지지 못했고 강당은 눈물바다가 됐다.

1964년 12월 박정희 대통령이 서독 루르 지방의 함보른 탄광을 방문해 우리 광부들과 간호사들을 만난 모습

베를린 장벽에서 동독을 바라본 박 대통령은 이런 소감을 밝혔다. "오늘 동베를린을 통해서 북한을 보았다. 이곳은 자유 베를린시가 평화와 자유를 위해 얼마나 수고했던가를 역력히 나타내 주는 곳이다."

문재인 대통령 부부의 G7 정상회의에 이은 오스트리아·스페인 국빈 방문을 보며 57년 전 박 대통령의 서독 방문이 떠올랐다. 대통령 전용기 등 국빈 방문 수준은 화려해졌고, 해당 국가의 예우도 격상됐다. 그러나 감동과 메시지는 찾아볼 수 없다. 문 대통령은 생뚱맞게 오스트리아에서 코로나 백신 북한 공급을 들먹였고, 김정숙 여사는 패션으로 구설에 올랐다.

G7 회의에 가는 김에 두 나라를 국빈 방문한 것 아니냐는 지적이 나온다. 국민은 코로나로 외국 여행을 갈 수 없는 마당에 한가하게 보이는 국빈 방문에 비판 여론이 적지 않다. 어떤 성과를 거뒀는지 모르겠지만 문 대통령 부부가 국민이 노력해 높아진 국가 위상 덕분에 극진한 대접을 받았다는 사실이라도 깨달았으면 좋겠다.

박정희 김일성의 대결

___ 야고부

지난 100년 동안 한반도에 큰 족적(足跡)을 남긴 두 사람을 꼽는다면 박정희와 김일성이다. 두 사람은 직접 만난 적은 없지만 남북한 체제 경쟁을 이끌며 다른 삶을 살았다.

박정희는 경제개발 5개년계획, 새마을운동, 수출드라이브 정책을 추진해 대한민국이 선진국이 되는 기반을 마련했다. 남한에 앞서가던 북한을 완벽하게 추월했다. 1961년 남한의 1인당 소득은 82달러에 불과했으나 1979년 1천640달러로 20배나 커졌다. 같은 시기 북한은 195달러에서 1천114달러로 증가하는 데 그쳤다. 김일성이 김신조 특공대, 문세광을 앞세워 박정희를 제거하려 한 것도 체제 경쟁에서 밀린 탓이 컸다.

지금 남북한 위상을 보더라도 박정희가 김일성에게 완승했음을 알 수 있다. 최근 통계청이 발표한 '2019 남북한 주요 통계 지표'에 따르면 남북한은 천양지차다. 북한의 국내총생산은

35조3천억 원으로 남한(1천919조 원)의 54분의 1이다. 북한의 1인당 국민총소득은 141만 원으로 남한(3천744만 원)과의 격차가 27배에 달한다. 북한의 무역액은 32억4천만 달러로 남한(1조456억 달러)의 322분의 1에 불과하다. 북한의 기대수명은 남성 66.7세, 여성 73.5세로 남한(80.0세·85.9세)과 비교가 안 된다.

남북한 국력(國力) 차이를 감안하면 북한이 남한에 고개를 숙이고 쩔쩔매는 게 당연하다. 그러나 현실은 정반대다. 북한은 '삶은 소대가리' '특등 머저리' 등 남한을 향해 험한 말을 쏟아내고, 핵무기를 앞세워 위협하고 있다. 그에 반해 남한은 북한의 비난을 받은 외교부 장관을 갈아 치우고, 한미연합군사훈련 실시 여부를 북한에 허락받겠다는 등 저자세다. 북한이 강대국, 남한이 약소국 모양새다.

김일성 손자가 북한을 통치하는 것과 달리 남한은 박정희를 역사에서 지우고 싶은 세력이 정권을 잡고 있다. 지금까지는 남한이 확실하게 이겼던 남북한 체제 경쟁이 앞으로는 어떻게 될지 가늠하기 어렵다. 북한에 굽실거리는 남한을 하늘에서 내려다보며 김일성은 파안대소, 박정희는 울며 땅을 칠지도 모를 일이다.

백선엽 장군님에게!

___ 야고부

백선엽 장군님! 머리 숙여 장군님의 영면을 기원합니다.

장군께서는 생전에 전우들의 이름을 기억하며 그리워하셨다지요. 생사를 함께했던 전우들을 하늘에서 만나 포옹하셨겠지요. 6·25 호국영령들이 많이 잠들어 계신 서울현충원이 아닌 대전으로 모셔 송구합니다. 문재인 대통령이 빈소를 찾지 않았고 청와대·더불어민주당이 추모 메시지를 내지 않은 것을 두고 전우들이 통분하는 것을 장군께서 "괜찮다"며 오히려 위로하셨을 겁니다.

100년 삶을 통해 장군께서는 대한민국에 이바지하셨습니다. 가장 큰 공적은 칠곡 다부동전투에서 승리해 백척간두에 처한 나라를 구한 것입니다. 8천 명 병력으로 북한군 2만여 명의 총공격을 기적적으로 막아냈습니다. "내가 두려움에 밀려 후퇴하면 너희가 나를 쏴라"고 병사들을 이끈 장군님이 없었다면 이 나라는 영영 사라졌을 것입니다.

　　조국을 위해 헌신한 장군께서는 생을 마감하면서도 국가에 기여하셨습니다. 이 나라가 어떤 상황에 처해 있는가를 국민에게 일깨워주셨습니다. 어느 변호사는 장군님을 겨냥해 "6·25전쟁에서 우리 민족인 북한을 향해 총을 쏘아서 이긴 공로가 인정된다고 현충원에 묻히는 게 맞느냐"고 했습니다. 남침한 북한군에 대응하지 말아야 했고, 한반도가 공산화되도록 놔뒀어야 했다는 망발입니다. 이 주장대로라면 현충원에 묻힌 6·25 호국영령들의 유해를 옮겨야 할 판입니다.

경북 칠곡군 다부동전적기념관에 세워진 백선엽 장군 동상 앞에서 관람객들이 사진을 찍고 있다.

더 큰 우려는 이런 사고를 가진 사람들이 많다는 것입니다. 이들은 대한민국을 태어나지 말아야 할 나라로, 미국이 참전한 바람에 우리 민족끼리 하나의 국가를 세울 기회를 날렸다고 여깁니다. 대한민국을 부정하는 기류가 팽배하고 있습니다. 간도특설대 근무를 꼬투리 잡아 국가보훈처는 안장 다음 날 장군님을 '친일 행위자'로 공개 낙인을 찍었습니다. 이 나라가 다부동 전투 당시보다 더 큰 위기에 직면했습니다.

그나마 청년들이 정부 대신 장군님을 추모하는 분향소를 차리고, 수만 명이 추모한 것에서 위안과 희망을 갖게 됩니다. 장군께서 목숨 걸고 지켜낸 자유·민주가 얼마나 큰 축복인지 더 많은 국민이 깨닫기를 바랍니다. 염치없지만 호국영령들과 함께 장군께서 하늘에서도 이 나라를 계속 지켜주시기를 부탁드립니다.

文 대통령은 무엇을 팔고 있나

―― 세풍

철학자 미셸 푸코의 역사에 대한 정의는 신랄(辛辣)하다. 그는 "역사란 객관적인 과학이 아니라 한 계급, 혹은 한 세력의 이데올로기 투쟁의 도구"라고 했다. 멀리 갈 것도 없이 대한민국에서 벌어지는 문재인 정권의 '역사 뒤집기'가 푸코의 명제를 증명하고도 남는다. 집권 세력에게 역사는 반대 세력을 제압하는 '투쟁의 도구(道具)' 역할을 하고 있다.

총선에서 177석으로 몸집을 불린 더불어민주당이 '적폐 청산 시즌 2' 깃발을 올렸다. 시즌 1에선 전·전전 정권 단죄(斷罪)에 초점을 맞췄다면 이번엔 역사 뒤집기를 무기로 들고나왔다. 이해찬 민주당 대표의 선전포고는 섬뜩하다. 그는 의원들에게 "잘못된 현대사에서 왜곡된 것들을 하나씩 바로잡아 가는 막중한 책무가 여러분에게 있다"고 했다. 여당은 역사 바로잡기라고 강변하지만 역사 뒤집기다.

민주당이 고쳐 쓰려는 역사는 나열하기가 숨이 찰 정도다. 한명숙 전 국무총리 정치자금법 위반 사건을 비롯해 대한항공(KAL) 858기 폭파 사건, 5·18 민주화운동, 유신, 여순 사건, 제주 4·3 사건에다 구한말 동학운동까지 들먹이고 있다. 박정희 대통령 등 현충원에 묻힌 인사들을 타깃(target)으로 한 친일파 파묘(破墓) 법안 제정도 서두르고 있다.

집권 세력의 역사 뒤집기는 오랜 시간 뜸을 들였다. 문재인 대통령은 2017년 대선 직전 대담집에서 "가장 강렬하게 하고 싶은 말은 주류 세력 교체"라고 했다. 갈아치우고 싶은 주류 세력은 보수·산업화 세력이다. 이들에게 친일·독재·부패의 낙인을 찍어 주류 세력 교체를 도모하겠다는 것이다.

역사 뒤집기가 목표로 하는 것은 명확하다. 집권 세력의 정권 연장 도구이자 반대 세력의 집권 가능성을 원천 차단하는 수단이다. 문제는 정권이 정치적 이익을 목적으로 역사를 활용할 때 일어나는 '역사의 정치적 남용'(political abuse of history)이다. 노무현 정권에서 조사한 KAL 858기 폭파 사건 결과조차 받아들이지 못하겠다, 한 전 총리에 대한 대법원 판결마저 뒤집겠다는 것이 딱 그렇다. 조선시대 사화(士禍), 부관참시(剖棺斬屍)가 재연될 판이다. 역사의 정치적 남용은 민주주의 발전에 도움이 되지 않는다. 이념·진영 갈등만 증폭시킬 뿐이다.

역사에 대한 집권 세력의 해석 독점과 이중 잣대도 문제다.

우파 흠집 내기에는 집요한 반면 좌파의 흑역사에 대해서는 모르쇠를 넘어 관대하다. 대법원에서 진보 성향 대법관까지 만장일치로 판결한 한 전 총리 사건은 다시 들추면서 위안부 할머니를 수십 년간 정치적·사적으로 이용한 의혹을 산 윤미향 국회의원에 대해서는 감싸기에 급급하다. 또 하나의 내로남불이다.

문 정권의 역사 뒤집기 종착역이 대한민국을 '태어나지 말았어야 할 나라'로 만드는 데 있는가 하는 의구심마저 든다. 정권을 잡은 세력이 정치적 이익에 따라 역사를 뒤집는 악순환이 반복하는 길을 문 정권이 활짝 열었다.

힘을 모아 위기 극복에 나서도 모자랄 판에 과거를 다시 들추는 프레임으로 갈등을 증폭시키고 국력을 소진하고 있다. 문 대통령부터 '6·25 남침 주역' 김원봉을 '국군의 뿌리'로 칭송하고, 툭하면 친일 잔재 청산을 들먹이는 등 과거로 달려가고 있다. 문 대통령의 롤 모델(role model)이자 경제 대공황을 극복한 미국 대통령 프랭클린 루스벨트는 "희망이 없는 국민은 반드시 멸망한다"고 했다. 나폴레옹은 "지도자는 꿈을 파는 상인(商人)"이라고 했다. 희망·꿈은 과거에 있지 않고 미래에 있다. 문 대통령은 지금 국민에게 무엇을 팔고 있나?

국민이 걱정하는 정권

___ 야고부

최근 신문에 나온 사진 두 장을 보며 대한민국의 어제와 오늘, 그리고 내일을 생각했다. 하나는 미국을 방문한 박한기 합참의장에게 조셉 던퍼드 미 합참의장이 국방부 벽에 걸린 그림 '영원한 전우'에 대해 설명하는 사진이다. 이 그림은 6·25전쟁 최대 격전으로 꼽히는 장진호 전투 장면을 담았다.

미 제1해병사단 1만5천 명은 1950년 11월 함남 장진군에서 중공군 7개 사단 12만 명에 포위돼 치열한 전투를 벌였다. 미 해병 4천500명이 전사하고 7천500명이 부상했다. 덕분에 군인과 민간인 20만 명이 중공군을 피해 피란하는 흥남철수작전이 가능했다. 장진호 전투는 한·미동맹의 근간이다.

영국 파이낸셜타임스가 "북한에 관한 한·미 간 의견 차이가 벌어지면서 양국의 70년 동맹 관계가 위험에 빠지고 있다"고 보도했다. 북핵을 폐기하려면 두 나라의 공조가 필수이지만 오히려 불협화음이 커지고 있다. 한·미 공조가 잘 안 될 땐 북한에만 이득이 되는 경우가 많았다. 한·미 간 마찰이 빚어지고 우리 정부가 북한에 경도됐다는 인식을 북한이 갖게 되면서 리선권의 '냉면 목구멍' '배 나온 사람'과 같은 막말이 쏟아지는 게 아닐까 싶다.

다른 하나는 지난달 개통한 중국 강주아오 대교 사진이다. 총연장 55km에 이르는 세계 최장 해상다리 개통으로 광둥성 9개 도시와 홍콩·마카오를 연결하는 인구 6억 명, GDP 1조4천억 달러의 거대 경제권이 탄생했다. 중국 경제 성장을 웅변하는 또 하나의 랜드마크를 바라보는 마음이 착잡하다.

한국을 배우려 중국이 안달하던 시절이 '있었다'. 철강, 조선, 반도체 등을 통해 단기간에 선진국 문턱에 도달한 우리를 부러워하던 게 중국이었다. 그때 우리는 정부와 기업, 노동자가 하나가 돼 하면 된다는 정신으로 뭉쳤다. 빵의 크기를 키워 모두 잘살자는 공감대가 형성됐고 이것이 성장의 자양분이 됐다. 이제는 빵 나눠 먹기에만 혈안인 나라로 전락했다.

정권에는 두 가지 유형이 있다. 국민이 걱정하는 정권, 국민을 걱정하는 정권이다. 문재인 대통령을 비롯해 정권을 이끄는 이들이 지금 정권은 어느 쪽인지 한 번쯤이라도 고민해보기 바란다.

북악산의 비서들

———— 야고부

　영화 '남산의 부장들'이 400만 관객을 돌파하며 흥행 돌풍을 이어가고 있다. 감독과 주연배우는 영화에 정치색은 전혀 없다고 언론 인터뷰에서 주장했으나 실제로는 정치색이 매우 짙은 영화다. '죽은 권력'은 물론 '살아 있는 권력'에도 비수(匕首)를 날리기 때문이다.
　이 영화는 1979년 중앙정보부장이 대한민국 대통령을 암살하기 전 40일간의 이야기를 담았다. 이름이 바뀌었을 뿐 김재규 중앙정보부장, 박정희 대통령, 차지철 경호실장, 김형욱 전 중앙정보부장 등이 등장한다. "자유민주주의와 국민의 자유를 회복하기 위해서" "난 군인이자 혁명가"란 대사를 쏟아내는 김재규는 나라 앞날을 고뇌하는 인물로 그려진다. 반면 박정희는 종신 집권에 집착한 졸렬한 인물로 묘사된다.
　김재규는 5·16에 참여하지 않았는데도 영화에선 '혁명 동지' 박정희가 권력에 취해 망가지는 것에 실망해 거사를 하는 것으로 나온다. 대통령 암살의 당위성을 부각하려는 장치로 읽힌다. 영화를 본 대다수 사람은 '죽은 권력'인 박정희와 그의 딸 박근혜 전 대통령에게 부정적 인식을 갖지 않을 수 없다.

영화 '남산의 부장들'

'남산의 부장들'에서 가장 가슴에 와 닿은 대사는 여성 로비스트가 내뱉은 "세상이 바뀌겠어? 이름만 바뀌지…"라는 것이다. 영화가 의도하지 않았겠지만 '살아 있는 권력'에 대한 통렬한 일침(一針)이다. 울산시장 선거 개입, 청와대 감찰 무마 등 숱한 의혹에 휩싸인 문재인 정권의 청와대는 박정희 시대의 청와대·중앙정보부와 다르지 않다. 같은 편끼리의 끈끈한 유대, 치밀한 공작(工作)의 수준, 후안무치에서는 훨씬 앞선다고 해도 과언이 아니다. 국민을 안중에 두지 않고 일방적이고 독선적인 국정 운영을 하는 문 정권과 "탱크로 밀어버리자"는 박 정권이 어떤 차이가 있나.

이름만 바뀌었을 뿐 제2, 제3의 김재규, 차지철이 활개를 치고 있다. 후보 매수, 하명 수사 등 총체적 선거 부정과 우리 편이라는 이유만으로 비리 인사를 비호한 청와대에서 두 사람의 어두운 그림자가 어른거린다. '남산의 부장들'은 서울 남산에 있었던 중앙정보부의 부장을 지칭한 은어였다. 후일 문 정권의 청와대 비서실을 다룬 영화를 만든다면 청와대 뒷산이 북악산인 만큼 '북악산의 비서들'이 딱 좋을 것 같다.

모래로 밥을 짓는 문재인 정권

———— 세풍

'밥이 하늘이다'는 명제는 시대를 초월한 진리다. 먹고사는 문제, 민생(民生)에 실패한 정권은 결국 백성에게 버림을 받았다. 오죽하면 '임금은 백성을 하늘로 삼고 백성은 먹을 것을 하늘로 삼는다'(王者以民人爲天 民人以食爲天)고 했겠는가.

이런 까닭에 역대 대통령을 밥솥에 비유한 유머는 촌철살인이다. 이승만은 미국서 돈 빌려 가마솥을 장만했으나 쌀이 없었다. 박정희는 해외에서 돈을 빌려 가마솥에 쌀밥을 해놓았는데 자기는 먹지도 못했다. 전두환은 친척을 불러 모아 밥을 다 먹어버렸다. 노태우는 솥에 남은 밥을 긁어먹었다. 김영삼은 누룽지로 숭늉을 끓이려 불을 지피다가 솥을 통째 태워버렸다. 김대중은 국민 금 판 돈을 모아 새 전기밥솥을 하나 마련했는데 노무현이 코드를 잘못 끼워 전기밥솥이 타버렸다. 이명박은 밥 짓는 기술자라고 소문났으나 가스불에 전기밥솥을 올렸다가 낭패를 봤다. 박근혜는 식모(최순실)에게 밥솥을 맡겼다가 벼락을 맞았다.

이 유머가 다시 회자한 것은 문재인 대통령이 동참(?)했기 때문이다. '문재인 버전'은 "촛불로 밥을 지으며 기다리라 한다. 밥솥째 김정은에게 넘겨줄까 걱정이다"라는 것이다. 밥 얘기가 나왔으니 임기 반환점을 앞둔 문 대통령에게 들려주고 싶은 원효 스님의 경구(警句)가 있다. "지혜로운 이가 하는 일은 쌀로 밥을 짓는 것과 같고 어리석은 자가 하는 일은 모래로 밥을 짓는 것과 같다."

문 대통령과 집권 세력은 지난 2년 반 동안 쌀로 밥을 짓기는커녕 모래로 밥을 짓는데 국력을 탕진했다. 급격한 최저임금 인상, 주 52시간 근무제, 탈원전 등 현실을 도외시한 경제정책은 모래로 밥을 짓는 것과 마찬가지였다. 대통령과 청와대, 정부, 더불어민주당은 금방 쌀밥이 나올 것이라며 호도했지만 모래로 밥을 짓는데 쌀밥이 나올 리가 없었다. 국민만 배를 곯게 됐고 대통령·민주당 지지율이 급락한 이유도 여기에 있다. '삶은 소대가리가 웃을 지경'이 된 남북 관계, 구멍 뚫린 안보, 외톨이 신세 외교 역시 모래로 밥을 지으려다 실패한 사례들이다.

조국 사태는 모래로 밥을 짓는 문재인 정권의 실상이 드러난 결정타였다. 본인과 가족 관련 의혹이 쏟아진 조국 씨는 법무부 장관이 되지 말아야 할 사람이었다. 모래인 조 씨를 쌀이라고 우기며 검찰 개혁이라는 밥을 짓겠다고 달려들었으니 쌀밥이 나오기는 처음부터 글러 먹었다. '조국 지키기'에 올인하느라 정의와 상식, 윤리는 물론 최소한의 금도(禁度)마저 팽개친 문 대통령과 좌파 인사들의 언행에 국민은 참담했다. 국민 대다수가 모래 밥을 입에 넣은 것 같은 기분을 느꼈다.

문 대통령과 집권 세력이 목을 매는 고위공직자범죄수사처 역시 모래로 밥을 짓는 연장선에 있다. 공수처는 '민변 검찰'로 변질할 우려가 큰 것은 물론 독일 나치의 게슈타포 같은 정치 수사기관을 만들어 좌파 독재를 노리는 것이란 비판까지 있다. 아무리 포장하더라도 공수처는 쌀 아닌 모래일 뿐이어서 쌀밥이 나오기 어렵다.

트럼프·아베와 같은 '수준 이하' 인사를 국가 지도자로 선택한 미국·일본을 향해 혀를 찼던 적이 있다. 그러나 정권 출범 이후 조국 사태에 이르기까지 미증유의 국정 혼란을 지켜보면서 대한민국이 미국·일본보다 낫지 않다는 사실을 절감했고 자괴감마저 들었다. 조국 사태는 국민에게 "대통령과 집권 세력에 이 나라를 계속 맡겨도 될 것인가" 하는 근본적인 물음을 던졌다. 정권이 계속 모래로 밥을 짓는 한 이 물음에 고개를 젓는 국민이 기하급수적으로 늘어날 것이다.

'박정희 또 죽이기'

___ 야고부

　사진 한 장이 있다. 청와대 집무실 창가에 서서 밖을 바라보는 박정희 대통령을 찍은 사진이다. 뒷짐을 진 그의 뒷모습에서 먼저 느껴지는 것은 나라를 걱정하는 대통령으로서의 고뇌이다. 다음으로는 지도자의 고독이 진하게 묻어난다. 고뇌·고독 뒤 마지막으로 다가오는 것은 단단함이다. 고난과 시련이 있더라도 전진하겠다는 결의를 엿볼 수 있다. 몇 년 전 박 대통령 리더십을 신문에 연재하면서 가장 인상적이었던 박 대통령 사진이다.
　오늘로 박 대통령이 김재규의 총탄에 맞아 서거한 지 40주기가 됐다. 한 세대를 뛰어넘는 시간이 흘렀지만 대한민국은 여전히 '박정희 시대'에 머물러 있다. 그가 남긴 공(功)과 과(過)가 나라 곳곳에 남아 있기 때문이다. 무엇보다 그를 뛰어넘는 리더십과 혜안, 능력을 보여준 대통령을 우리가 갖지 못한 이

유가 더 크다.

박정희 리더십 요체는 '하면 된다' 정신, 청빈·소박, 탁월한 용인술, 현장과 실용 중시 등으로 집약할 수 있다. 죽음 앞에서도 의연함을 잃지 않은 것과 위기를 기회로 활용한 것도 그의 리더십으로 꼽힌다. 미래를 내다보는 혜안과 강한 추진력은 박정희 리더십의 고갱이다. 경부고속도로 건설, 중화학공업 육성, 산림녹화, 의료보험 도입 등 미래 지향 리더십을 증명하는 사례들이 숱하게 많다.

반신반인(半神半人)이라며 무조건 박 대통령을 추앙하는 것은 바람직하지 않다. 편향된 시각을 갖고 일방적으로 그를 매도하는 것도 옳지 않다. 현대사에 누구보다 큰 빛과 그늘을 드리운 박정희와 그의 시대를 객관적으로 바라보고 냉철하게 평가해 취할 것은 취하고 버릴 것은 버리는 게 맞다. 이렇게 해야만 우리는 박정희 시대를 넘어 새로운 시대로 나아갈 수 있다.

MBC가 방송한 부마항쟁 40주년 특집 다큐드라마 '1979' 2부 '그는 왜 쏘았나?'를 보는 내내 마음이 불편했다. 김재규의 일방적 주장이 담긴 육성이 고스란히 방송을 탔고 김이 '민주주의 투사'로 둔갑했기 때문이다. 박 대통령은 사생활이 문란한 독재자로 그려졌다. 좌파의 치밀하고 끈질긴 '박정희 죽이기'에 등골이 서늘해진다.

'박정희 때리기'

___ 야고부

#1. 박정희 대통령을 시해한 김재규 전 중앙정보부장 사진이 40년 만에 그가 거쳤던 부대에 다시 걸렸다. 내란죄로 사형되고서 김의 사진은 군에서 사라졌었다. 그의 사진을 부대에 걸려는 움직임은 문재인 정권 출범 후 계속됐다. 재작년 기무사 국감에서 한 여당 의원은 "전두환·노태우 사진도 있는데 사령관을 지낸 김의 사진은 왜 없냐"고 따졌다.

#2. '민주사회를 위한 변호사모임' 변호사들이 일제 강제징용 피해자에 이어 베트남 전쟁 중 한국군에 의해 피해를 입은 베트남 피해자들을 대리해 대한민국 정부를 상대로 손해배상 소송을 내기로 했다. 이들은 "한국 군인이 베트남 민간인들을 학살한 잘못에 대해 피해자들이 한국 정부로부터 사과·배상을 받을 수 있도록 돕겠다"며 "이는 보편적인 인권의 문제"라고 주장했다.

두 사건은 별개인 것 같으나 지향하는 바에서 일맥상통한다. 박 대통령에 대한 비판을 넘어 '박정희 시대' 폄하 의도가 도사려 있는 것이다. 사진이 군에 다시 걸린 것을 기화로 김재규에 대한 재평가가 이뤄질 것이고 머지않아 유신 독재를 끝낸 '민주투사'로 둔갑할지도 모를 일이다. 미래를 위해 과거를 덮자고 베트남 정부가 강조한 마당에 베트남 민간인 학살 문제를 제기하고 나선 것도 베트남 파병을 한 박 대통령에 비판의 칼을 들이대려는 시도로 봐야 한다.

일본에 단호히 대응해야 총선에 유리하다는 더불어민주당 민주연구원의 보고서로 인한 후폭풍이 거세다. "나라가 기울어도 경제가 파탄 나도 그저 표, 표, 표만 챙기면 그뿐인 저열한 권력지향 몰염치 정권의 추악한 민낯" "나라가 망하든 말든, 국민이 살든 죽든, 총선만 이기면 된다는 발상이 놀랍다"고 야당은 집중포화를 퍼부었다. 대통령 등 집권 세력이 그렇게도 반일을 부르짖은 것이 총선 승리를 노린 것이냐는 비판이 나오지 않을 수 없다.

문재인 정권의 지난 2년 3개월은 '과거와의 전쟁'이라 할 수 있다. 과거에 대한 부정, 폄하, 단절, 파기, 파괴에 열을 올렸다. 한·일 경제 전쟁 원인도 이 범주에서 벗어나지 않는다. 진보 진영에서 한·일 국교 단절 주장까지 나왔는데 양국 국교 정상화는 박 대통령이 했다. '50년 집권'을 노린 집권 세력의 보수 결집 구심점 타격을 목표로 한 '박정희 때리기'는 더욱 기승을 부릴 것 같다.

진양철 회장과 반도체

———— 야고부

반도체 위기에서 드라마 '재벌집 막내아들'의 진양철 순양 그룹 회장을 떠올리게 된다. "그게 돈이 되는 기가?"를 신조로 가진 진 회장은 모두가 반대하는 반도체 사업을 시작했다. 무엇보다 반도체가 돈이 된다고 봤기 때문이다.

진 회장은 반도체 사업에 의욕적으로 투자했지만 미국 등 큰손들의 덤핑 경쟁에 휘말려 위기에 직면했다. 아들을 비롯해 주변에서는 반도체를 포기해야 한다고 했다. 이 상황에서 진 회장은 미래에서 온 손자 진도준으로부터 "고래 싸움에 새우가 등 터지기 전, 새우가 몸집을 불려야 한다"는 말을 듣고 과감한 투자로 반도체에서 성공을 거뒀다. 진 회장의 실제 모델은 삼성 반도체 신화를 만든 이병철 회장이다.

386 운동권으로부터 '매판자본' 비판을 받은 한국의 기업 오너들은 맨주먹으로 반도체를 비롯해 전자, 자동차, 석유화학,

철강, 조선 등에서 세계적 기업을 키워 냈다. 그 과정에서 기업 오너들이 잘못한 일도 많았다. 하지만 그들의 땀으로 경제성장이 가능했고, 국민 대다수가 풍요를 누렸다는 것은 부인하기 어렵다.

우리 경제를 떠받쳐 온 반도체가 사면초가 신세다. 지난 2월 반도체 수출액은 59억6천만 달러로 작년 같은 달에 비해 반토막이 났다. 지난 1월 반도체 재고율은 265.7%로 1997년 3월 이후 25년10개월 만에 가장 높았다. 미국이 자국 중심의 반도체 패권을 추구하고 나선 것도 반도체 기업들에 큰 위기다.

드라마 '재벌집 막내아들'

반도체는 수출의 26%를 차지하는 등 경제성장의 견인차 역할을 해왔다. 반도체가 무너지면 경제는 물론 국가가 위기에 직면한다. 국가적 비상사태란 말이 안 나올 수 없다. 전부는 아니겠지만 대다수 기업 오너들은 '사업보국'(事業報國) 철학을 갖고 기업을 경영했다. 사업을 통해 국가에 이바지하겠다는 뜻이다. '사업보국'을 처음으로 사시(社是)로 내세운 이가 이병철 회장이다. 반도체 성공 뒤엔 국가적 뒷받침이 있었다.

여야가 반도체 시설 투자에 대한 세액공제율을 높이는 반도체특별법(조세특례제한법)을 이달 중 처리하기로 했다. '재벌 특혜법'이라며 반대하던 더불어민주당이 태도를 바꿔 적극 지원하기로 했다. 애써 키워 놓은 고래(반도체)를 사지(死地)로 내몰지 않기로 한 것은 늦었지만 다행이다.

반도체와 '역사타령'

___ 야고부

한국이 세계 최고의 '반도체 국가'로 올라선 세 가지 요인은 이병철 삼성 창업주, 여고 출신 생산직 사원, 경북대 전자공학과라는 분석은 탁견(卓見)이다. 이 창업주의 선견지명과 결단, 60km 행군까지 하면서 우수한 제품 만들기에 매진한 생산직 사원들의 땀과 눈물, 연구실에서 나온 결과를 생산 현장에서 성공적으로 실현한 경북대 전자공학과 졸업생들이 한국을 30년 이상 먹여 살린 반도체 신화를 만들었다.

이 창업주가 1983년 '우리가 왜 반도체 산업을 해야 하는가'라는 '도쿄 선언'을 발표하자 삼성 안팎은 물론 정부마저 한국 경제가 망한다며 반대했다. 일본 미쓰비시연구소는 '삼성이 반도체 사업에서 성공할 수 없는 다섯 가지 이유' 보고서까지 내놓으며 코웃음을 쳤다. 그러나 이 창업주는 "이 나라의 백년대계를 위해 어렵더라도 전력투구할 때가 왔다"며 적자를 보면서도 반도체 투자를 멈추지 않았다. 좌우명인 사업보국(事業報國)을 올곧게 실천했다. 그는 "일본은 하는데 우리는 왜 못하냐"며 임원들을 독려했다. 이 창업주의 '도쿄 선언'은 한국 경제에 가장 큰 영향을 준 결정으로 꼽히고 있다.

반도체가 우리 경제에서 차지하는 비중은 절대적이다. 지난해 수출에서 반도체 비중이 26%에 달했고 국내총생산(GDP)의 7.8%를 반도체가 차지했다. 아베 신조 일본 총리가 반도체 산업을 정밀타격하고 나선 것은 반도체를 공격하면 한국 경제에 타격을 줄 수 있다는 계산이 깔렸다. 반도체 위기는 한국 산업, 나아가 경제 위기를 촉발하는 확실한 트리거(방아쇠)가 될 가능성이 크다.

이재용 삼성전자 부회장이 반도체 위기를 돌파하려고 혈혈단신 일본 출장을 다녀오는 등 동분서주하고 있다. 할아버지와 아버지가 공들여 쌓은 '반도체 제국'이 무너질지도 모를 위기 앞에 이 부회장의 심경은 절박할 수밖에 없다.

일본의 경제 보복으로 기업인들이 발을 동동 구르는 반면 문재인 대통령과 청와대, 정부, 더불어민주당은 해법 찾기보다 '일본 때리기'에 치중하는 모양새다. 30년 넘게 한국 경제를 이끈 반도체 산업이 망가질 위기에 처했는데도 '12척의 배'와 같은 '역사타령'만 늘어놓고 있다. 세계 일류로 꼽히는 한국 경제를 삼류·사류 정치가 망가뜨리는 우매한 짓을 언제까지 되풀이할 것인가.

대한민국, 지난 100년 다가올 100년

— 세풍

'로마는 하루아침에 이루어지지 않았다.' 이 명언의 주어를 대한민국으로 바꿔도 손색이 없을 정도로 대한민국은 자랑스러운 역사를 써왔다. 1919년 임시정부 수립을 기점으로 지난 100년 동안 우리 민족이 걸어온 길은 기적 그 자체다. 식민 지배와 가난, 전쟁 등 질곡의 사슬을 끊고 산업화·민주화를 같이 성취한 나라는 세계에서 대한민국이 유일하다.

오늘의 대한민국은 온 국민이 흘린 피와 땀, 눈물의 총합(總合·the sum)이다. 제대로 된 나라를 아들, 딸에게 물려주려는 간절한 마음들과 행동들이 100년이란 긴 시간에 걸쳐 거대한 용광로에 결집했다. 온갖 것들이 용광로에 들어갔고 서로 섞이고 충돌한 끝에 대한민국이란 결정체를 만들어냈다. 지고지선한 것들만 들어가지 않았고 그럴 수도 없는 것이 역사의 섭리다.

문재인 대통령이 임시정부 수립 100주년에 맞춰 "국민의 평범한 삶에 좌절과 상처 주는 특권과 반칙의 시대를 반드시 끝내야 한다"고 했다. 또 "지난 100년 대한민국이라는 이름으로 이룬 국가적 성취 과실이 국민 모두에게 돌아가야 한다"고 했다. "일부에서 우리 역사를 역사 그대로 보지 않고 국민이 이룩한 성취를 깎아내리는 것은 매우 안타까운 일"이란 발언도 했으나 지난 100년을 정의롭지 않고 공정하지 못한 시대로 규정하는 데 방점이 찍혔다는 인상을 강하게 받았다.

문 대통령을 비롯해 진보가 기술하는 지난 100년 역사는 보수와 궤를 달리한다. 3·1운동 → 독립투쟁 → 4·19혁명 → 5·18민주화운동 → 6월항쟁 → '촛불혁명'으로 대한민국 역사를 파악한다. 1948년 대한민국 건국, 6·25전쟁에서의 국가 수호, 산업화 등은 부정과 배척의 대상일 뿐이다. 임시정부 초대 대통령 이승만에 대한 홀대와 모욕, 6·25에 책임이 있는 김원봉에 대한 서훈 추진 등은 진보 입장에서는 당연한(?) 일이다. 대일 청구권을 포기하는 대신 받은 협력자금으로 만든 포스코도 들어내자고 할지도 모를 일이다.

더 큰 우려는 진보 정권이 그들만의 잣대로 지난 100년에 대해 '역사공정'을 하는 것을 넘어 대한민국의 오늘과 내일마저 좌지우지하는 것이다. 보수 정권에서 이룩한 원전 강국을 계승할 마음은 애초부터 없었고 이것이 탈원전으로 표출됐다. 산업화에 편승해 탄생한 재벌은 척결의 대상이다. 미국과의 동맹은 헌신짝처럼 버려도 되는 것이고 일본은 '나쁜 나라'로 치부한다. 참사를 빚고 있는 코드 맞춤 인사, 북한에 대한 지나친 경도, 허물어진 안보, 포퓰리즘 정책들 역시 그 뿌리가 외눈박이 역사관에 기인한다고 봐야 한다.

문 대통령은 "새로운 100년을 준비해야 할 때"라고 했지만 정작 대통령의 언행은 미래보다 과거에 초점이 맞춰져 있다. 마르크스가 역사는 '나선형 발전'을 한다고 했는데도 대한민국은 오히려 뒷걸음치고 있다. 미세먼지가 없어졌지만 국민이 여전히 답답한 까닭도 여기에 있다.

소설가 김원우는 소설 '우국(憂國)의 바다'에서 조선이 망하는 과정을 그렸다. 3·1운동과 임시정부 수립은 나라가 망했기 때문에 일어난 사건들이다. 구한말처럼 대한민국 앞날을 걱정하는 국민이 많다. 지난 100년을 헤쳐온 선조가 그랬듯이 이 시대를 사는 우리도 더 나은 나라를 후손에게 물려줄 의무가 있다. 이를 자각(自覺)하고 방법을 찾아 실천하라는 것이 지난 100년 역사가 가르쳐주는 진짜 교훈이다.

대통령들의 비극

―― 야고부

영화 '벤허'에 나왔듯이 로마에서는 전쟁에서 승리하고 돌아온 개선장군은 시민들의 환영을 받으며 황제가 있는 곳까지 행진했다. 개선식에서 장군을 뒤따르며 노예가 계속 외친 말이 있다. '메멘토 모리'(memento mori). '죽음을 기억하라' 의역하면 '너도 언젠가 죽는다는 걸 잊지 마라'는 뜻이다. 전쟁에 한 번 이겼다고 해서 교만하지 말라고 경고한 것이다.

23년 만에 법정에 다시 선 전두환 전 대통령을 보며 역대 대통령들의 비극이 떠올랐다. 제왕에 버금가는 권력을 휘두른 대통령들은 대부분 비극적 결말을 맞았다. 1996년 내란수괴·내란·내란목적살인 등 13개 혐의로 1심에서 사형을 선고받았던 전 전 대통령은 사자명예훼손 혐의로 법정에 또 나왔다. 보석으로 풀려난 이명박 전 대통령은 주거지 및 접견·통신 제한을 받아 '자택구금' 신세다.

유일하게 탄핵을 당한 박근혜 전 대통령은 아직 옥중에 있다. 탄핵 2년째인 10일 지지 단체들이 전국 곳곳에서 석방을 촉구하는 집회를 열었다. 하지만 조만간 석방될 가능성은 희박하다. 구속 재판 기간이 끝나거나 현직 대통령으로부터 사면을 받는 방법이 있지만 두 가지 모두 어려운 상황이다.

노무현 전 대통령은 검찰 수사 중 극단적 선택을 했다. 김영삼·김대중 전 대통령은 재임 시절 아들이 구속됐다. 전두환·노태우 전 대통령은 사형과 무기징역을 선고받고 2년가량 복역하다 사면조치로 풀려났다. 박정희 전 대통령은 18년간 장기 집권했지만 부하에 의해 시해됐다. 이승만 전 대통령은 장기 독재 집권을 하다 4·19혁명으로 하와이로 망명해 그곳에서 생을 마쳤다.

청와대 본관엔 역대 대통령들의 초상화가 나란히 걸려 있다. 전직 대통령들의 초상화를 보면서 현직 대통령들은 무슨 생각을 했을까. 지나간 대통령들의 영광만 기억했을 뿐 역대 대통령들의 비극은 돌아보지 않았지 싶다. 그랬다면 대통령들의 비극은 끊을 수 있었을 것이다. 대통령을 따라다니며 '메멘토 모리'를 외쳐줄 수도 없고, 역대 대통령들의 비참한 순간을 청와대에 초상화로 남겨둘 수도 없고…. 대통령들의 비극이 언제까지 이어질지 마음이 무겁다.

'아! 박정희'

___ 야고부

"내 무덤에 침을 뱉어라." 박정희 대통령이 청와대 출입 기자들에게 자주 한 말이다. 야당의 격렬한 반대를 무릅쓰고 경부고속도로 건설과 같은 산업화를 추진하는 과정에서 쏟아진 비난을 자신이 모두 감수하겠다는 뜻을 담고 있다. 진보학자 누군가는 "네 무덤에 침을 뱉으마"라고 했지만 박 대통령의 이 말은 국가 지도자가 지녀야 할 신념과 의지를 표출해 두고두고 회자할 만하다.

영국 신문 더 타임스는 1951년 사설에서 "한국에서 민주주의가 발전하기를 기대하느니 쓰레기통에서 장미꽃이 피기를 바라는 것이 더 낫다"고 했다. 그런 모욕을 받던 대한민국이 민주주의 모범 국가가 됐다. 한강의 기적으로 일컬어지는 경제 발전도 이뤄냈다. 산업화와 민주화를 이렇게 단기간에 성취한 나라는 세계에서 대한민국이 유일하다. 산업화와 민주화는 불가분의 관계다. 경제 발전이 민주주의 토양이 되기 때문이다. 먹고사는 게 해결되지 않는 한 민주주의는 요원하다는 사실을 많은 나라가 증명하고 있다.

산업화＝보수, 민주화＝진보라는 등식이 어느 정도는 성립한다. 산업화를 일군 박 대통령은 보수의 근간이다. 보수주의자를 자처하는 많은 사람이 박 대통령의 리더십과 정신을 흠모하고 있다. 박정희란 존재는 풍비박산이 난 보수를 다시 일으키는 구심점이 될 수 있다. 50년 집권론을 펴는 진보 진영에서는 박 대통령에 타격을 가해 보수를 궤멸시키는 전략을 구사할 가능성이 농후하다.

박 대통령 고향인 구미에서 벌어지는 일련의 일들이 예사롭지 않다. 민주당 소속 장세용 구미시장이 새마을과를 없애고 내년부터 행사에 새마을 명칭을 빼기로 했다. 박 대통령 추모식과 탄신제에 시장이 참석하지 않기로 했다. 박 대통령 생가 옆에 건축 중인 박정희 대통령 역사자료관 명칭에서도 박정희 이름을 뺀다고 한다.

오늘은 박 대통령이 서거한 날이다. 고향이자 정성을 다해 키운 구미에서 자신의 흔적이 지워지는 것을 하늘에서 내려다보는 박 대통령은 어떤 심경일까. 김재규가 쏜 총탄을 맞고 마지막으로 했던 말을 되뇌고 있을지도 모를 일이다. "나는 괜찮다"라고.

거인 없는 시대

_____ 야고부

　이병철 삼성 창업주가 1982년 봄 미국을 찾았다. 미국의 추락을 목도한 그는 '호암자전'에 이렇게 썼다. "일본의 철강이나 자동차가 미국 시장을 휩쓸고 있었다. 전통산업뿐만 아니었다. 미국이 설계한 생산 설비를 도입, 대량생산 체제를 갖춘 일본은 반도체마저 미국 시장을 침식하고 있었다. 미국은 일본 반도체 제품의 대량 공세에 밀려 경영난을 겪고 있었다."

　반도체에 미래가 있다고 판단한 그는 1983년 2월 8일 일본 도쿄에서 대규모 반도체 설비투자를 지시했다. '2·8 도쿄 선언'이었다. 곧바로 삼성은 경기도 기흥에 반도체공장 건설 공사를 시작했고 1984년 3월 완공했다. 세계 세 번째로 한국이 반도체 생산국으로 이름을 올리게 된 것이다.

　2·8 도쿄 선언이 한국 경제에 가장 큰 영향을 준 순간 1위로 꼽혔다. 한국CCO(최고홍보책임자)클럽이 국내 국책·민간

연구소 11곳의 최고경영자(CEO)를 대상으로 설문 조사한 결과다. 11곳 연구소 CEO 모두가 이병철의 삼성 반도체 진출 선언을 선택했다. 정주영의 현대차 포니 첫 생산, 포항종합제철 준공, 금성사 국산 첫 라디오 생산, 정주영의 거북선 그림으로 유조선 수주 등이 같이 선정됐다.

이병철 삼성 창업주가 주재한 삼성그룹 사장단회의 모습

대한민국이 세계 12위 경제 대국이 된 것은 이병철 정주영 박태준 구인회 같은 거인(巨人)들 덕분이었다. 단순히 큰 부(富)를 이뤘다고 이들을 거인이라고 부르는 게 아니다. 거인들이 결단한 순간순간에 도전 열정 헌신 애국 창조 혁신 등이 녹

아들어 있기 때문이다. 거인들이 활동하던 시대와 지금은 상황이 다르다고 할 수 있겠지만 거인들이 남긴 교훈은 내일의 나침반으로 삼을 만하다.

반도체 외에 뚜렷한 미래 먹을거리를 마련하지 못한 상황에서, 그 반도체마저 중국에 추월당하기 직전인 순간에서 한국 경제에 거인이 있는가를 묻지 않을 수 없다. 자식들이 물의를 일으켜 아니면 본인 잘못으로 사법기관에 툭하면 불려나오는 기업 총수들이 미래를 설계할 수 있을까. 현금을 쌓아두고 보신에 치중하거나 동네 골목상권까지 잡아먹으려 혈안인 기업주들에게 무엇을 기대할 수 있다는 말인가. 거인을 찾기 어려운 한국 경제, 미래가 어둡기만 하다.

어쩌다 '개집 신세'로

___ 야고부

　　1951년 영국 '더 타임스'는 "한국에서 민주주의를 기대하는 것은 쓰레기 더미에서 장미꽃을 찾는 것과 같다"는 기사를 실었다. 한국에서 민주주의가 밑바닥인 현실을 꼬집은 것이다. 경제 발전이 민주주의 토대가 됐던 역사를 고려하면 한국의 경제 발전은 요원하고 그에 따라 한국에서 민주주의 발전은 불가능하다는 예측이기도 했다.

　　하지만 짧은 기간에 한국은 경제 발전과 민주주의를 더불어 쟁취했다. 중도에 고꾸라졌던 수많은 나라와 달리 한국은 경제·민주주의 모두에서 선진국 반열에 등극하는 역사를 썼다. 특히 경제에서 '한강의 기적'을 이뤄 원조 받던 나라에서 원조를 주는 국가로 세계에서 유일하게 탈바꿈하는 데 성공했다. 비약적 발전을 성취했던 한국 경제는 지금 여러 문제에 직면했다. 지난해 출간된 '기적의 한국경제 70년사'는 네 가지 문제를 꼽았다. 대내적 갈등과 정책 실패에 따른 경제성장률의 하락, 저출산·고령화에 따른 인구의 구조적 변화로 인한 경제·정치·사회에 대한 미증유의 충격, 북한 핵 위협 속에 남북 대치 및 엄청난 통일 비용, 이념·지역·소득·계층·세대 간 갈등 심화 등이다. 역사에서 배우고 기본과 원칙에 충실한 것 외에 별다른 해법이 없다는 견해에 고개가 끄덕여진다.

미국 블룸버그 아시아경제 담당 전문가 슐리 렌이 칼럼에서 "한때 '아시아의 호랑이'였던 한국이 이제는 개집(doghouse)에 갇힌 신세가 됐다"는 충격적인 비유로 한국 경제 현실을 지적했다. 그는 한국 경제가 나락으로 떨어지는 이유로 외부 요인보다 국내 문제에 있고 그중 가장 치명적인 것이 문재인 정부의 최저임금 인상 정책이라고 꼬집었다. 문 대통령의 사회주의적 실험으로 인해 한때 활기가 넘쳤던 한국 경제의 야성을 앗아갔다고 안타까워했다.

한국 경제가 어쩌다가 개집에 갇힌 신세란 얘기를 듣는 지경이 됐는지 참담하다. 더 안타까운 것은 슐리 렌의 진단이 틀렸다고 반박하기 어려울 정도로 한국 경제가 최악의 상황으로 추락하고 있다는 것이다. 사회주의적 정책을 재고(re-thinking)하는 것이 시급하다고 슐리 렌은 조언했지만 문 대통령과 정부는 고집을 전혀 꺾지 않아 개집에서마저 쫓겨나지 않을까 걱정이다.

경제부총리

___ 야고부

　　1972년 3월 서울 중앙청에서 경제개발 5개년계획 회의를 주재하던 박정희 대통령에게 메모 한 장이 전달됐다. '김학렬 부총리 별세'라 적혀 있었다. 회의장을 나온 박 대통령은 화장실을 찾아 이런 말을 하며 대성통곡했다. "임자, 미안해! 내가 임자를 죽였어." 혹사라 할 만큼 많은 일을 시켜 49세 나이에 김학렬을 죽음으로 내몰았다는 자책감에서 쏟은 눈물이었다.
　　김학렬은 경제개발 5개년계획 입안과 포항종합제철 설립 등 큰 발자취를 남겼다. 장기영, 남덕우 경제부총리 등과 함께 한국 경제 초석을 놓았다는 평가를 받고 있다. 그에 대한 박 대통령 신임은 절대적이었다. 이름 중간 자인 학(鶴)은 일본말로 '쓰루'였다. 박 대통령은 "우리 쓰루는 내 가정교사야"라며 아꼈다. 대통령이 힘을 실어준 덕분에 박정희 시대 경제부총리들은 소신껏 일했고, 성과를 냈다.

경제부총리 자리는 1963년 처음 등장했다. 성공한 대통령이 되려면 경제가 중요하기에 역대 대통령은 경제부처를 총괄하는 부총리 인선에 심혈을 기울였다. 하지만 경제부총리들이 받아든 성적표는 저마다 달랐다. 경제 발전 주역이란 칭송을 받는 이들이 있는 반면 외환위기와 같은 경제난 주범이란 손가락질을 받는 이들도 있다. 경제 부처 간 이견 조정이 쉽지 않고 갈등이 첨예하게 부닥치는 까닭에 경제부총리 자리는 늘 바늘방석일 수밖에 없다.

역임자들의 경제부총리론(論)도 흥미롭다. "경제부총리는 구정물에 발을 담그고 일을 추진해야 한다. 의견이 다른 장관들을 설득하고, 안 보이는 곳에서는 그들의 정강이를 걷어차기도 해야 한다." "경제부총리는 최소 2주에 한 번 대통령을 뵙고 방침을 받아와서 정책을 수행했다. 청와대 경제수석, 공정거래위원장, 금융감독원장, 이 정도는 대통령이 직접 경제부총리에게 누구를 시키면 좋을지 물어봤다."

김동연 경제부총리와 장하성 청와대 정책실장의 불화설이 또 터져 나왔다. 문재인 정부의 경제정책 방향과 속도를 두고 두 사람은 자주 충돌하고 있다. 경제정책은 부총리가 주도해야 한다는 게 중론이다. 누구 정강이를 걷어찰 수도 없고 김 부총리 속만 새까맣게 타들어가는 형국이다.

제 3 부

박정희 리더십

프롤로그 – '어게인 한강의 기적'을 위하여

1. 세상 모든 것을 사랑한 지도자

2. 미래를 내다보는 혜안

3. 청빈·소박

4. '하면 된다' 정신

5. 현장에서 답을 찾다

6. 탁월한 용인술

7. 위기를 기회로 활용

8. 죽음 앞에서도 의연

프롤로그 – '어게인 한강의 기적'을 위하여

지난 100년 동안 대한민국이 걸어온 길은 한마디로 기적 (奇跡·Miracle)의 역사였다. 일제강점기와 전쟁, 기아·궁핍에 허덕이던 나라가 선진국, 세계 10대 경제강국으로 올라섰다. 인류 역사상 어느 나라도 보여주지 못한 드라마틱한 성공 스토리를 성취한 것이다. 성공 가능성이 1%조차 없는 것으로 여겨지던 대한민국이 50여 년 만에 우리를 도와줬던 국가에 보은(報恩)하는 것은 물론 어려운 나라를 원조하는 국가가 됐다. 2차 대전 후 국권을 되찾은 나라 가운데 온갖 어려움을 이겨내고 선진국으로 발돋움한 국가는 세계에서 유일하다는 자부심을 국민 모두가 갖고 있다.

하지만 2024년 새해 벽두 대한민국이 처한 현실은 결코 희망적이지 않다. 나라를 잃은 1세기 전 위기를 떠올리게 한다는 말까지 나올 정도다. 국외적으로 보면 일본, 중국과 미국, 러시아 등 서구 열강이 한반도를 두고 각축을 벌였던 120여 년 전과 흡사한 상황이 벌어지고 있다. 세계 최강국의 헤게모니를 잃지 않으려는 미국, 영토 확장 욕심에 정신이 없는 중국·일본의 힘겨루기에 새우등이 터질 지경이다. 북한 핵 위협이 사라지지 않은 가운데 북한으로 인한 남북관계의 급변 가능성도 상존하고 있다.

정치·경제·정신적으로도 대한민국은 아노미(anomie·사회적 혼란으로 인해 규범이 사라지고 가치관이 붕괴되면서 나타나는 불안정 상태) 상황이다. 극심한 이념 대립 등 정치적 혼란에다 안보 위기, 성장 동력 상실로 인한 경제적 어려움, 빈부·지역·세대 갈등과 같은 사회적 분열, 지도층의 도덕적 해이, 이기주의 팽배 등 나라 전체가 흔들리고 있다.

백척간두(百尺竿頭)에 선 대한민국은 어디에서 탈출구를 찾아야 하나. 온고지신(溫故知新), 옛것을 알면서 새것도 안다는 데서 그 해법을 얻을 수 있다.

18년에 걸쳐 대통령을 역임한 박정희(1917~1979) 대통령. 그 통치 기간만큼이나 역대 대통령 중 단연 업적들이 많고 그림자도 짙다. 경제 성장으로 조국 근대화를 이룩한 대통령, '우리도 하면 된다'는 비전을 국민에게 제시해 에너지를 하나로 모아 나라 발전을 이뤄낸 대통령으로 각인돼 있다. 그의 리더십과 열정이 오늘의 한국을 만드는 데 기초가 됐다는 것은 세대와 이념, 지역을 넘어 공감하는 부분이기도 하다.

1968년 박정희 대통령 연설 모습

박 대통령이 드리운 그늘도 적지 않지만 21세기 대한민국 대통령 리더십을 올바르게 정립하기 위해서라도 박정희 리더십은 재조명돼야 한다는 여론이 압도적이다. 개발 독재, 재벌 육성, 노동자들의 희생, 관(官) 주도, 엘리트 중심 등 허물도 있지만 박 대통령이 보여준 카리스마, 추진력, 불굴의 정신, 선택과 집중, 용인술, 혁신, 위기관리 능력 등은 분명 탐구할 가치가 있다.

더욱이 박정희 대통령은 대구경북과 떼려야 뗄 수 없는 인연을 맺은 분이다. 대구경북을 대표하는 인물인 박 대통령을 브랜드화하는 측면에서도 그에 대한 조명은 분명 의미가 있다.

난마처럼 얽힌 어지러운 이 시대, 국민은 유능한 리더가 나와 모두에게 꿈과 희망을 주고 급변하는 국내외의 환경에 현명하게 대처하기를 갈망하고 있다. 이 나라의 현재와 미래, 국민의 삶이 지도자의 리더십·정신에 달렸기 때문이다. 박정희 리더십과 정신을 조명하는 것은 바로 이 같은 까닭에서다.

1. 세상 모든 것을 사랑한 지도자

박정희 대통령이 서거한 지 올해로 45년이 됐다. 반세기가 다 된 것이다. 좀 더 객관적으로, 또한 당파적 태도와 사심(私心)을 버리고 차분하고 불편부당한 마음으로 이 거인을 마주하고, 탐구할 때가 됐다. 반신반인(半神半人)이라며 무조건 추앙하는 것도 바람직하지 않고, 편협된 시각을 갖고 일방적으로 매도하는 것도 옳지 않다. 우리 현대사에 누구보다 큰 빛과 그늘을 드리운 박 대통령의 리더십에 대한 연구를 통해 좁게는 대한민국 대통령 리더십, 넓게는 대한민국의 나아갈 길을 찾는 노력이 절실하다.

한국의 역대 대통령 중 국민 평가에서 독보적 위치를 차지하고 있는 박정희 대통령. 꿈과 비전, 과감한 결단으로 우리나라를 비약적으로 발전시킨 박 대통령의 여러 리더십 가운데 가장 먼저 꼽을 수 있는 것이 '세상 모든 것을 사랑한 지도자'란 점이다. 미국 중앙정보국(CIA)은 박 대통령을 두고 카리스마와 서민적 이미지를 함께 갖춘 인물이란 평가와 함께 '국민을 사랑했던 진정한 민주주의자'라고 했다.

"정치는 국민 눈물을 닦아주는 것"

박정희 대통령이 1970년대 초 경남 마산 한일합섬 공장을 방문했다. 나이 어린 여성 근로자의 어깨를 두드려 주며 "필요한 게 뭐냐?"고 물었다. 이 여성 근로자는 "공장장이 가끔 영어 단어를 쓰며 말씀하시는데 알아듣지 못할 때 부끄럽고 속이 상한다. 일에도 지장이 많다"고 울먹였다. 분위기가 숙연해진 가운데 대통령이 수행하던 사장에게 "이들을 위해 야간학교라도 만들면 어떻겠느냐"고 물었다. 이렇게 해서 학력 인정을 받는 산업체 학교가 전국적으로 퍼져 나갔고, 수많은 어린 소녀 근로자들이 배움의 한(恨)을 풀게 됐다.

박 대통령은 "정치는 국민의 눈물을 닦아주는 것"이라고 했다. '국가와 혁명과 나'란 책에서 박 대통령은 '가난은 본인의 스승이자 은인'이라고 했다. 가난에 시달리는 국민에 대한 애정, 나아가 가난에서 국민을 벗어나게 하려는 그의 강철 같은 의지를 느낄 수 있다. "본인의 24시간은 이 스승, 이 은인과 관련 있는 일에서 떠날 수 없는 것이다. 소박하고 근면하고 정직하고 성실한 서민사회가 바탕이 된, 자주 독립된 한국의 창건-이것이 본인 소망의 전부다."

박정희 대통령이 1979년 2월 서울지하철에서
동승한 어린이의 볼을 어루만지는 모습

빈곤 탈출을 최우선 과제로 추진한 박 대통령의 생각의 기저(基底)엔 '백성이 근본'이란 사고가 자리 잡고 있었다. '박정희'(朴正熙·전 13권)를 쓴 조갑제 씨는 "박 대통령이 부국강병

(富國強兵)에 성공한 것은 못살고 힘없는 사람들을 사랑한 결과일 것"이라고 했다.

박 대통령을 두고 '인간의 얼굴을 가진 눈물이 있는 지도자'란 평가도 있다. 1964년 박 대통령이 경제개발을 위한 차관을 얻기 위해 독일(당시 서독)을 방문했을 때 박 대통령과 육영수 여사는 현지에 파견된 광부·간호사들과 함께 눈물을 흘렸다. "광부 여러분, 간호사 여러분. 모국의 가족이나 고향 땅 생각에 괴로움이 많을 줄로 생각되지만 개개인이 무엇 때문에 이 먼 이국(異國)에 찾아왔던가를 명심하여 조국의 명예를 걸고 열심히 일합시다. 비록 우리 생전에는 이룩하지 못하더라도 후손을 위해 남들과 같은 번영의 터전만이라도 닦아 놓읍시다." 박 대통령의 연설은 제대로 이어지지 못했고, 참석자들 모두가 울어 눈물바다를 이뤘다.

"의협심과 인정이 강한 사람"

1961년 5·16 직후 검은 선글라스에 군복을 입은 모습이 워낙 강렬한데다 일부에서 덧씌운 독재자란 부정적 이미지 탓에 박정희 대통령 하면 냉혹함을 떠올리는 사람들이 적지 않다. 하지만 실제로는 다정다감한 인물이었다. 1961년 6월 매일신문과의 인터뷰에서 "항간에서 박 장군을 아주 냉혹한 군인으로 알고 있는데…"란 물음에 그는 이렇게 답했다. "허, 그건 너무한데요. 사귀어 보이소. 그렇게 냉정한 사람은 아닐 겁니다." 박정희 대통령의 친구인 구상(具常) 시인은 생전에 "그 친구는 의협심과 인정이 강하고 시심(詩心)이 있는 사람이었다"고 했다.

박정희 대통령이 9사단 참모장으로 근무할 때 북한군의 포격과 기습으로 하루 평균 서른 명꼴로 전사자가 발생했다. 어느 날 두 명밖에 죽지 않았다는 보고를 사단장에게 올린 작전참모가 "오늘은 좋은 날이니 회식을 시켜주십시오"라고 했다. 박정희 참모장은 정색을 하고 사단장에게 얘기했다. "한 명도 안 죽었다면 모르지만 두 명밖에 안 죽었다고 축하하자는 데는 반대합니다. 그 두 사람의 부모는 아마 대통령이 죽은 것보다 더 슬플 겁니다."

박정희 대통령의 숲과 나무에 대한 사랑을 산림녹화에 성공한 비결로 보는 해석도 있다. 그의 일기엔 낙엽, 꽃, 나무 등에 대한 감상적 표현들이 많다.

하지만 박정희 대통령이 가장 사랑한 것은 이 땅에 사는 가난하고 힘없는 민초(民草)였다. 박 대통령을 두고 "자신의 한(恨)을 민족의 한으로 여기고 한풀이를 하는 과정에서 나라를 발전시킨 사람"이란 평가가 있다. 살아 있는 모든 것을 사랑하고, 특히 가난한 국민을 사랑하는 마음이 "우리도 한번 잘 살아보자"는 박 대통령의 국정 철학이 됐고, 경제발전에 매진하게 됐다는 것으로 해석할 수 있다.

2. 미래를 내다보는 혜안

　리더(leader)란 조직·단체 등에서 전체를 이끌어 가는 위치에 있는 사람을 일컫는다. 이를 국가에 대입한다면 대통령은 나라를 이끄는 리더라 할 수 있다. '국가의 리더', 대통령의 역할 가운데 가장 중요한 것은 무엇일까. 많은 대답이 있겠지만 국가 발전을 위한 청사진을 명확하게 제시하고, 그 실현을 위해 모든 국민 역량을 하나로 결집하는 것이 아닐까 싶다.

　지도자는 꿈을 파는 상인

　미국 대통령 프랭클린 루스벨트는 "꿈이 없는 국민은 반드시 멸망한다"고 했다. 나폴레옹은 "지도자는 꿈을 파는 상인(商人)"이라고 했다. 국가의 지도자인 대통령은 국민에게 꿈과 희망을 주고, 오늘보다 더 나은 미래를 개척하는 데 마음과 몸을

다 바치는 사람이라 할 수 있다.

　박정희 대통령이 집권한 1960, 70년대 대한민국 국민은 분명히 꿈과 희망을 갖고 있었다. 미래에 대한 기대를 안고 모든 국민이 분골쇄신해 나라 발전에 매진했던 것이다. 물론 그 중심에는 미래를 내다보는 박 대통령의 리더십이 자리 잡고 있었다.

박정희 대통령이 직접 스케치한 고속도로 그림

1970년대 영남대 경산캠퍼스를 조성할 무렵 박 대통령이 설계 담당자를 불렀다. 이 담당자로부터 캠퍼스 내 도로 폭을 16m로 하겠다는 대답을 들은 박 대통령은 100m로 정정하라고 했다. 교내 도로 16m는 당시 도로 여건(당시 대구~경산 도로 폭 편도 1차로)에 비하면 파격적인데 대통령은 더 파격을 요구한 것. 박 대통령은 "30년 뒤면 우리나라도 자동차를 몰고 다니는 사람들이 많아질 것이다. 그때를 대비해 도로를 만들어야 한다"고 했다. 전선도 지하로 매설할 것을 주문, 현재 영남대는 전신주가 지상에 없는 대학으로 유명하다. 학교 관계자들은 "박 대통령의 미래를 내다보는 안목에 감탄하지 않을 수 없다"고 이구동성으로 얘기하고 있다.

　박 대통령의 미래를 내다보는 혜안(慧眼)을 증명하는 사례들은 열거하기 어려울 정도로 많다. 대표적인 것이 경부고속도로 건설. 박 대통령이 경부고속도로 건설을 천명하자 야당은 물론 언론 등 많은 이들이 "시기상조"라며 반대했다. 요즘 국가사업에서 절차를 밟는 비용 대 편익을 따졌다면 반대론자들의 주장대로 경부고속도로 건설은 성사되지 못했을 것이다.

　그러나 박 대통령은 경부고속도로 건설은 경제발전을 위해 반드시 필요한 사업이라며 뚝심 있게 밀어붙였다. 10년, 20년 뒤를 내다본 박 대통령의 의지·신념대로 1970년 7월에 개통한 경부고속도로는 대한민국 발전의 기폭제가 됐다. 남부권 신공항이 미래를 내다보는 혜안이 아닌 비용 대 편익이란 이유로 좌초한 것을 곱씹게 하는 대목이다.

1970년 7월 7일 경부고속도로 개통식 모습

"내 무덤에 침을 뱉어라"

경제개발 5개년계획을 만든 끝에 수출이 답이란 결론을 내린 박 대통령은 수출을 하기 위해 고속도로를 건설하고 중화학공업을 육성했다. 포항 철강단지, 구미 전자단지, 울산 여천 화학단지, 창원 기계단지 등은 대통령의 아이디어와 추진력 덕분에 탄생해 산업화의 토대를 구축했다. 박 대통령의 리더십이 있었기에 대한민국은 최빈국에서 괄목할 만한 경제성장을 한 국가로 자리 잡게 됐다.

고 남덕우 총리는 회고록에서 "국내외 경제학자들과 언론들은 중화학공업에 대한 과잉투자 때문에 한국 경제가 망할지도 모른다고 떠들어댔다… 그러나 만약 그때 중화학공업을 추진하지 않았으면 한국 경제가 어떻게 됐을까… 중화학공업 건설은 경제적 타산만으로 되는 일은 아닌 것 같다"고 했다.

모든 것을 시장에 맡겨야 한다고 하지만 시장에 존재하지 않을 때는 어떻게 해야 할까. 박 대통령의 중화학공업 추진은 애플의 아이폰처럼 시장에 없던 것을 새로 만든 '마켓 디자인' 관점에서 평가해야 한다는 이들도 있다.

산림녹화를 한 것도 미래에 대한 박 대통령의 혜안을 볼 수 있는 사례다. 또 그린벨트는 경제발전을 이룩하면서도 환경보전을 고려했다는 측면에서 세계적으로 주목을 끌고 있다. 우리나라 산림의 황폐는 조선 초부터 서서히 진행돼 말기에는 심각한 수준에 도달했고, 일제의 조직적 산림자원 수탈 등으로 1961년 우리나라 산은 절반 이상이 민둥산이었다. 여름 장마 때가 되면 어김없이 홍수에다 산사태가 반복됐다. 박 대통령은 1967년 산림녹화를 위해 농림부 산림국을 산림청으로 독립시켰고, 1973년엔 산림청을 내무부 산하로 이관시켜 산림보호정책을 강력히 추진했다. 1970년대 초엔 수도권 개발제한구역 지정을 신호탄으로 그린벨트를 확대했다.

 돈이 없어 제대로 치료받지 못하는 서민들을 위해 1977년에 전 국민 의료보험을 실시한 것 역시 박 대통령의 미래를 내다보는 혜안으로 풀이하는 이들이 많다.

 미래 지향 리더십의 요체는 두 가지로 집약할 수 있다. 시대를 읽는 눈으로 상황을 파악·진단하고, 패러다임을 전환하는 것이다. 여기에 들어맞는 인물이 박 대통령이었다. 박정희 대통령은 생전에 "내 무덤에 침을 뱉어라"하는 말을 자주 했다. 반대자들을 묵살하는 오만에서 나온 말이 아닌, 후세를 위해 어떤 일을 해야 할지 명확하게 파악하고 강하게 추진한 그의 의지를 이보다 함축적으로 표현하는 말도 없을 것이다.

3. 청빈·소박

　박정희 대통령 집권 시기에 인권보다는 국권, 정치적·절차적 민주주의보다는 대한민국의 경제 발전이 우선시된 것이 사실이다. 또한 적지 않은 희생과 아픔이 따르기도 했다. 하지만 이 시기를 통해 우리는 먹고사는 문제를 해결했고, 대한민국 발전의 초석을 놓았다는 점도 간과할 수 없는 부분이다.

　'박정희 독재'가 가능했던 것은 국민이 동의했기 때문이며 동의를 얻어내는 데 도덕성이 큰 역할을 했다고 평가하는 이들이 많다. '잘살기 위해 부정부패 안 하고 열심히 할 테니, 국민도 잘 따라오라'는 박 대통령의 리더십이 통했다는 얘기다.

해진 허리띠·청와대 파리채

　1979년 10월 27일 새벽 서울 국군통합병원에서 박정희 대통령의 시신을 확인한 군의관은 대통령인 줄은 상상도 할 수 없었다. 짜깁기투성이인 바지와 낡고 해진 허리띠, 도금이 벗겨진 넥타이핀, 평범한 세이코 시계 등 대통령 옷차림이라고 믿기지 않을 정도로 소탈했기 때문이었다.

박 대통령의 전속 이발사의 증언도 이 같은 사실을 뒷받침한다. "박 대통령, 그 양반만 생각하면 참 가슴이 아픕니다. 러닝셔츠를 입었는데 낡아 목 부분이 해져 있고 좀이 슨 것처럼 군데군데 작은 구멍이 있었어요. 허리띠는 또 몇십 년을 사용했던지 두 겹 가죽이 떨어져 따로 놀고 있고 구멍은 늘어나 연필 자루가 드나들 정도였다니까요. 자기 욕심은 그렇게 없는 양반이…." 박 대통령이 서거한 다음 날, 청와대 본관 2층 박 대통령의 주거공간을 수색하던 보안사 수사팀은 박 대통령의 욕실 변기 물통에서 벽돌 한 장을 발견했다. 수돗물을 아끼기 위해 대통령이 넣어둔 것이었다.

박 대통령 사후 미국의 CIA 보고서는 박 대통령의 면모를 이렇게 적었다. "자그마한 체구의 박정희는 독단적이고 자존심이 강한 반면 카리스마와 서민적 이미지를 함께 갖춘 인물로서 직관력, 통찰력을 겸비했다. 반면 그의 사생활은 너무도 청렴하기 그지없었다."

청와대 비서실장을 지낸 김정렴의 회고록 '아, 박정희'엔 대통령 집무실의 파리채 이야기가 등장한다. "박 대통령이 살던 본관 2층과 집무하던 1층에는 에어컨이 없었다. 전기를 아끼려는 뜻이었다. 선풍기는 있었지만 박 대통령은 그것조차 돌리지 않았다. 한여름에 열기가 닥치면 박 대통령은 창문을 열었고 열린 문으로 파리가 날아들어 오곤 했는데 박 대통령은 파리를 잡기 위해 파리채를 휘두르곤 하였다. 박 대통령은 아침·저녁으로 밥을 먹을 때 꼭 30%는 보리를 섞었다. 지금처럼 건강식으로 먹는 것이 아니라 부족한 쌀을 아끼려고 혼식을 몸소 실천한 것이다. 특별한 행사가 없으면 점심은 멸치나 고기 국물에만 기계 국수였다. 영부인 육영수 여사와 나, 의전수석, 비서실장 보좌관 등 본관 식구들은 똑같이 국수를 먹었다. 장관들도 청와대에서 회의를 하는 날이면 점심은 국수였다."

"다른 후진국 지도자들과 달리 부패하지 않았다"

박정희 대통령이 좋아한 음식 중 하나가 비름나물 비빔밥이었다. 보통학교 2, 3학년 시절 20리 시골길을 왕복해 학교에서 집으로 돌아와 어머니와 함께 먹었던 비름나물 비빔밥 맛을 잊을 수가 없다고 술회했다. 청와대에서도 육영수 여사에게 부탁해 비름나물을 사다가 비빔밥을 만들어 먹곤 했다. 1970년대 후반엔 시장에서 비름나물을 구할 수 없게 되자 청와대 직원들이 씨앗을 구해와 본관 뒷동산에 심어 채취한 비름나물로 비빔밥을 만들어 먹기도 했다. 가난했던 시절을 잊지 않으려 비름나물 비빔밥을 먹는 것 같았다는 게 청와대 직원들의 풀이다.

박정희 대통령이 1978년 6월 경기도 시흥에서 모내기를 하는 모습

박 대통령과 함께 한국 현대사를 쓴 정주영 현대그룹 회장도 생전에 박 대통령의 청렴결백에 대해 이렇게 얘기했다. "그분이 땅이 있습니까, 돈이 있습니까? 장기집권할수록 부패하기 쉬운데 우리는 그 정반대의 경우를 그분에게서 보았습니다. 아울러 통치자가 청렴결백할수록 나라는 더욱 부강해진다는 것도 배웠습니다."

외국인들 역시 박 대통령의 청렴성을 높이 평가하고 있다. 에즈라 보겔(미국 하버드대 사회학과 교수)는 "박정희가 없었다면 오늘의 한국은 없다. 그는 헌신적이었고, 개인적으로 착복하지 않았으며 열심히 일했다. 국가에 일신을 바친 리더였다"고 했다. 브루스 커밍스(미국 시카고대 석좌교수)는 "그는 다른 후진국 지도자들과 달리 부패하지 않았다"고 평가했다.

소박하고 청렴한 박 대통령의 심성은 어릴 때부터 엿보였다. 1936년에 발간된 '대구사범 교우회지' 제4호에 실린 5학년생 박정희의 '대자연'이란 제목의 시. '① 정원에 피어난 아름다운 장미꽃보다도 황야의 한구석에 수줍게 피어 있는 이름 없는 한 송이 들꽃이 보다 기품 있고 아름답다. ② 아름답게 장식한 귀부인보다도 명예의 노예가 된 영웅보다도 태양을 등에 지고 대지(大地)를 일구는 농부가 보다 고귀하고 아름답다. ③ 하루를 지내더라도 저 태양처럼 하룻밤을 살더라도 저 파도처럼 느긋하게, 한가하게 가는 날을 보내고 오는 날을 맞고 싶다.

이상'.

　박 대통령의 저서 '국가와 혁명과 나'에는 그가 평생에 걸쳐 무엇을 지향했는가가 잘 나와 있다. "소박하고 근면하고 정직하고 성실한 서민사회가 바탕이 된 자주 독립된 한국의 창건, 그것이 본인의 소망의 전부다. 본인은 한마디로 말해서 서민 속에서 태어나고 자라고 일하고, 그리하여 그 서민의 인정 속에서 생이 끝나기를 염원한다."

4. '하면 된다' 정신

　　박정희 대통령은 '우리도 하면 된다' '우리도 한번 잘살아 보자'는 비전을 제시하며 국민적 에너지를 하나로 모아 국가 발전을 이뤄냈다. 이것은 분명한 사실이다. 기적과 같은 국가 성장을 달성한 것과 더불어 국민에게 자신감을 심어준 것은 더욱 높이 평가받아야 한다. 일제강점기·전쟁 등을 거치며 국민 뇌리에 깊이 배어든 패배 의식을 떨쳐 버리고 '하면 된다'는 정신 개조에 성공한 것은 아무나 할 수 없는 일이었다.

시대의 목소리에 부응하다

　　1960, 70년대 대한민국의 화두는 경제 성장이었다. 다른 모든 면에 위대한 업적을 남겨도 경제를 살리지 못하면 실패한 리더로 치부되던 시절이었다. 이 같은 시대의 목소리, 요구에

제대로 부응한 것이 박 대통령이다.

다른 나라들이 격찬하는 경제 성장을 이뤄낸 비결을 여럿 들 수 있겠지만 지도자의 용기, 그리고 국민 모두의 용기를 가장 먼저 꼽을 수 있다. 여기에서 일컫는 용기는 '하면 된다'는 말로 집약될 수 있다. 박 대통령이 지은 '나의 사랑 나의 조국'엔 그의 불퇴전의 결의, 하면 된다는 의지가 고스란히 묻어난다. "1963년 7월 하순, 폭우가 쏟아지는 야반. 그때 나는 서재의 일우(一隅)에 앉아 붓을 멈추고 멍하니 비에 젖어가는 밤의 가로를 내다보고 있었다. 문득 저 거리로 뛰어나가 내 재주로 저 비를 막거나, 아니면 저 비 때문에 수없이 울고 있을 동포와 더불어 이 밤을 지새워 보고 싶은 격정(激情)을 느꼈다. 5천 년을 하루같이 시달려온 이 피곤한 민족이 모처럼 일어서려는 비장한 마당에 다시금 하늘은 시련을 내리다니…. 그러나 우리는 일어서야 하고 이 고비를 싸워 넘어서야 했다. 민족의 시련과 내일의 영광을 위하여 하늘은 시련을 우리에게 주고 있는 것이다. 본인은 지난 한동안 인위적 재난과 자연의 재화를 혼자 도맡았다. 본인은 그 격랑 속에서 독주(獨舟)를 저어가는 사공일지언정 조금도 낙망하지 않고 실의에 빠지지도 않았다. 그 파도의 물결이 모질면 모질수록 더욱더 강해져 가고 있고 또한 불퇴전의 결의에 불탄 것이다."

박 대통령과 함께 경제 성장의 신화를 일궈낸 참모들도 박 대통령의 '하면 된다' 정신을 경제 발전의 원동력 중 하나로 꼽고 있다. 이희일 전 농수산부 장관의 회고. "지난 5천 년의 역사를 더듬을 것도 없이 40년 전만 해도 참담했던 우리 경제가 오늘날과 같은 발전을 이룩하기 시작한 것은 1962년에 시작된 제1차 경제개발 5개년 계획을 추진하면서부터였다. 그 후 수차례의 경제개발 계획을 통해 세계에서 유례를 찾아보기 어려운 눈부신 발전을 하였다. 그러나 이것은 결코 우연히 저절로 된 것이 아니다. 거기에는 가난에서 벗어나 잘살아 보겠다는, 경제개발에 대한 한 지도자의 불굴의 집념과 의지, 그리고 능력 있고 사명감 있는 젊은 관료집단, 창의적이며 의욕에 찬 기업가들, 손재간 좋고 근면하며 교육 수준 높은 근로자들과 하면 된다는 자신감을 갖게 된 국민들의 집합된 노력의 결과인 것이다. 그러나 무엇보다도 중요한 것은 실의와 절망에 빠져 있던 국민을 일깨우고 결집시켜 하나의 목표를 향해 모든 능력을 발휘하게 한 박정희 대통령의 지도력이 없었다면 한강의 기적은 이루어지지 않았을 것이다."

하면 된다를 넘어선 어떻게 하면 된다

최외출 영남대 총장은 박 대통령이 '하면 된다'는 저돌형이 아니라 '어떻게 하면 된다'고 방법을 제시하는 미래지향적인 리더십을 보여줬다고 평가하고 있다. 빌 클린턴 전 미국 대통령이 지도자에게 요구되는 자질로 비전, 전략, 용기, 인내 등 네 가지를 꼽은 것과 부합하는 얘기다. '하면 된다'는 용기와 함께 목표한 바를 이뤄낼 수 있는 비전과 전략이 있어야만 꿈을 현실로 만들 수 있는 것이다.

박정희 대통령이 1970년 4월 포항종합제철 기공식에서 기공 버튼을 누르는 모습. 왼쪽은 박태준 포항종합제철 사장, 오른쪽은 김학렬 경제부총리

박 대통령은 빈곤 탈출을 위해서는 경제 발전이 급선무라고 여겼다. 그래서 경제개발 5개년 계획을 만든 끝에 수출이 답

이란 결론을 얻었다. 수출을 하기 위해 고속도로를 건설하고 중화학공업을 육성했다. 새마을운동을 전개함과 동시에 국토종합계획도 수립했다.

박 대통령은 '주식회사 대한민국 사장'을 자임했다. 1960년대 초 1차 경제개발 5개년 계획이 집행되고 있을 당시 대통령 집무실에는 100여 개가 넘는 민간공장 건설 진행 상황을 기록한 대형 패널을 회전기둥에 묶어 한 장씩 넘겨가며 볼 수 있는 장치가 있었다. 기업을 만들어 경제를 일으켜 세우고자 했던 그의 열정을 느낄 수 있는 대목이다.

박 대통령 집권 당시 수출 전략의 설계자로 알려진 당시 박충훈 상공부 장관은 회고록에서 박 대통령을 '수출전선의 총사령관'으로 묘사한 바 있다. 수출을 많이 하자고 구호만 외친 것이 아니라 구체적 방법들도 총동원됐다. 박정희 정부는 1964년에 해외시장 개척을 전담하는 대한무역진흥공사를 설립한 데 이어 1965년부터는 대통령이 주재하는 청와대 수출진흥 확대 회의를 매달 한 번씩 열었다. 인재 교육 없이 공업국가로 진입할 수 없다는 사실을 인식, 신규 노동력 즉 기술 교육으로 훈련된 노동력을 확보해 1960, 70년대 경제 성장의 동력이 되도록 했다.

당시 경제 발전의 견인차 중 한 명인 정주영 현대그룹 회장은 박 대통령만이 조선사업을 격려했다고 술회했다. "박 대통령께서는 '한 번 시작한 일은 어떠한 어려움이 있더라도 불굴의 정신으로 극복해야지 도중에 중단하는 기업가가 되어서는 국가에도 도움이 될 수 없는 것이오' 하면서 저에게 용기와 의지를 북돋워주셨습니다. 그 당시 현대조선은 모든 사람들이 부정하고 의아해했는데도 그분만이 가능성을 내다보시고 격려해 주시어 오늘날 한국이 세계 10대 조선국이 되게 하신 것입니다."

5. 현장에서 답을 찾다

　　박정희 대통령에게 우리나라 산하는 하나의 '거대한 캔버스'였다. 한반도에서 일찍이 보지 못했던 스케일 감각으로 고속도로와 제철소, 조선소 등을 그려나갔다. 이 과정에서 박 대통령이 가장 주안점을 둔 것은 철저한 현장 확인이었다. 대통령이 직접 현장을 찾아 문제점을 찾아내고 해결 방안을 도출해냈던 것이다.

현장에서 본질에 접근

　　포병 출신인 박 대통령이 가장 싫어한 것이 주먹구구식이었다. 조국 근대화 작업의 행동 철학이 되는 박정희 식(式) 일처리 핵심은 업무의 본질에 구체적으로 접근하는 것이었다. 숫자에 대한 기억력이 남달랐던 박 대통령은 현장을 누비며 그 속에서 국가 발전의 가속도를 높였다.

현장을 중시한 박 대통령의 업무 스타일은 그가 정권을 잡은 초기부터 자리를 잡았다. 1961년 12월 박정희 당시 국가재건최고회의 의장은 미국의 한국 원조 기관인 유솜(USOM · 미국의 대외 원조 기관 · United States Operations Mission) 처장 킬렌을 울산 여행에 동행하도록 초청했다. 박 의장은 울산에 도착하자마자 지금의 공업단지가 있는 태화강변으로 향했다. 마침 내린 눈으로 뒤덮인 황량한 벌판에 군데군데 말뚝이 세워져 있었다.

박 의장은 먼저 킬렌에게 "우리는 여기에 종합제철공장, 비료공장, 정유공장 등 기간 산업체를 건설할 작정이오. 미국이 우리를 도와주시오"라고 했다. 그리고 박 의장은 동행한 이병철 삼성 회장을 향해 이렇게 얘기했다. "이제부터 돈을 번 여러분이 조국을 위해 할 일이 있소. 정부가 추진하는 조국의 근대화 작업에 여러분이 적극 협력해 주어야겠소."

이렇게 해서 군사정부가 첫 경제개발 사업으로 착수한 것이 울산공업단지 조성이었다. 1962년 2월 울산공업지구 설정식에 참석한 박 의장은 결연한 표정으로 경제개발 의지를 피력했다. "4천 년 빈곤의 역사를 씻고 민족 숙원인 부귀를 마련하기 위하여 우리는 이곳 울산을 찾아 여기에 신생 공업도시를 건설하기로 하였습니다. 루르의 기적을 초월하고 신라의 영성(榮

盛)을 재현하려는 이 민족적 욕구를 이곳 울산에서 실현하려는 것이니, 이것은 민족 재흥(再興)의 터전을 닦는 것이며, 국가 백년대계의 보고(寶庫)를 마련하는 것이며, 자손만대의 번영을 약속하는 민족적 궐기인 것입니다." 이렇게 만들어진 울산공업단지는 2008년 780억 달러의 수출을 올려 세계 최대의 공업도시로 팽창했다.

대한민국 경제발전의 기폭제가 된 경부고속도로 건설 현장도 박 대통령이 자주 찾았다. 경부고속도로 건설공사 참여자의 회고. "박 대통령은 5만분의 1 지도에다 서울부터 부산까지 연필로 노선을 직접 그려가며 일일이 지시를 내렸죠. 지형의 높낮이에 따라 노선을 설계하는 게 쉬운 일이 아닌데 말이지요. 박 대통령은 절대 현장에 그냥 오는 법이 없었어요. 항상 점퍼나 격려금 같은 선물을 가져와 직원들의 사기를 높여주곤 했지요. 이런 것들이 우리가 미치도록 일하게 만든 힘이 되었습니다." 경부고속도로를 닦을 때 박 대통령을 보좌했던 한 기술자의 이야기도 현장을 중시한 대통령의 열정을 웅변하고 있다. "나는 박 대통령이 오케스트라의 지휘자였다고 생각한다. 그의 지휘봉은 타고 다니던 헬리콥터였다. 그는 헬리콥터를 타고 올랐다 내렸다를 되풀이했다. 어느 날은 지질학자들을 태우고 현장에 와서 왜 터널 공사를 하는데 산사태가 났는가를 묻고, 다른 날엔 유엔의 수리(水理)학자들을 데리고 나타나서 왜 우리

기술진이 수량 자료를 잘못 계산했는지 따졌다. 화요일에 해답이 나오지 않으면 그는 목요일에 또 나타났다."

모내기 · 벼 베기 거르지 않아

박 대통령은 집권 18년 동안 모내기 · 벼 베기를 한 해도 거르지 않았다. 월남전 참전국 가운데 최초로 월남 전선을 방문한 국가 지도자도 박 대통령이었다.

해다마 정초가 되면 박 대통령은 각 부처와 지방 관서를 시찰했다. 이때 각 부처 및 지방 관서에서는 지난해의 실적과 금년도의 사업 계획에 대해 보고를 했다. 각국 담당 국장이 자기 소관에 대해 브리핑하는 게 보고 양식이었다. 국별로 하게 되니 박 대통령으로서는 상세한 내용까지 파악하고 점검할 수 있고, 각 부서의 능력까지도 평가하게 됐다. 국장으로서는 이 브리핑 때 자기 소신을 밝힐 수 있는 절호의 기회이기도 했다.

대통령비서실 경제 2수석비서관을 지낸 오원철이 쓴 '박정희는 어떻게 경제강국 만들었나'의 한 대목. "당시 상공부 공업국장이었던 나는 1965년 박 대통령의 초도순시 때를 이용해서 '석유화학 건설'에 대한 건의를 했다. 이것이 우리나라 최초로 '석유화학 건설'의 계기가 됐다. 또한 박 대통령은 지방 관서 순시를 이용해서 그 지방에 있는 공장이나 기술자 양성 기관을 시찰했다. 그리고 점심에는 지방 유지를 불러 식사를 함께 했는데, 이때 지방 유지들은 지방 경제발전을 위해 공업단지 건설 등 여러 방면의 건의를 했다. 박 대통령의 통치 스타일은 전국과 전 분야를 모두 커버하는 철저한 '실무 확인 행정'이었다."

수출진흥회의 주재하는 박정희 대통령

수출에서도 박 대통령은 현장 확인에 힘을 쏟았다. 그 대표적인 사례가 수출진흥확대회의. 박 대통령은 매월 열리는 수출진흥확대회의를 중심으로 수출 진흥을 위한 종합 시책을 추진했다. 이 회의에는 대통령 이하 관계 장관, 경제단체장, 금융기관장, 우량기업체 대표, 대학교수 등이 참석했다. 이 자리에서 상공부장관이 품목별 수출 실적과 계획, 그리고 문제점을 보고한 뒤 토론을 벌였다. 박 대통령은 재임 기간 18년 가운데 14년간 135차례나 참석해 회의를 주재했다.

수출진흥확대회의는 1966년부터 시작해 해외시장의 수출 정보를 수집함은 물론 KOTRA 및 모든 재외공관의 외교관들을 수출시장에 투입하고 상황을 점검했다. 또한 우수 수출 기업과 기업인을 선정하여 표창했다. 그 결과 1967년에 3억 달러를 돌파한 수출 실적이 1970년 말 10억 달러, 1977년에 100억 달러를 돌파하고 수출 주도 정책을 추진한 지 50년 만인 2011년 세계에서 8개국뿐인 무역 1조 달러 클럽에 대한민국의 이름을 새겨 올렸다. 이와 병행하여 경제기획원에서 주관하는 월간 경제동향보고회에도 박 대통령은 서거 전까지 빠짐없이 참석, 경제를 챙겼다.

박 대통령이 손수 키웠던 '과학기술의 집현전' 한국과학기술연구원(KIST)에도 그의 발자취가 깃들어 있다. KIST 초대 소장과 과학기술처 장관을 지낸 최형섭 박사의 '불이 꺼지지 않는 연구소' 한 대목. "나는 KIST가 자리를 잡는 데 가장 큰 역할을 한 사람은 박 대통령이라고 생각한다. 설립 후 3년 동안 적어도 한 달에 두 번씩은 꼭 연구소를 방문해 연구원들과 대화를 나눠 연구소의 사회적 위상을 높여 주었고, 건설 현장에 직접 나와 인부들에게 금일봉을 주는 등 각별한 신경을 써주었다. 그리고 장관들의 반대에 부딪힐 때마다 방패막이가 되어 주었다. 국가 원수가 자주 연구소에 들른다는 것이 미치는 영향은 상상할 수도 없을 정도로 컸다. 연구소에서 연구하는 사람들의 사기가 극도로 올라가는 것은 당연한 일이고, 연구소를 지원하는 정부 관리의 사고나 행동이 완전히 달라진다." 이 덕분에 대한민국은 폭발적인 과학기술 인재 양성 기록을 세웠고 원자력과 통신, 반도체 분야의 집중 육성으로 이어져 선진국으로 발돋움하게 됐다.

6. 탁월한 용인술

　　박정희 대통령이 포병학교장이던 시절(1955년) 자주 하던 훈시가 있다. "위관(尉官)장교는 발로, 영관(領官)장교는 머리로, 장군은 배짱으로 일하는 겁니다. 위관은 항상 사병들과 더불어 먹고 자고 발로 뛰면서 일해야 합니다. 영관장교는 머리를 짜서 자기 분야에 전념하여 정보를 수집하고 분석하여 상관에게 A안·B안을 제시한 다음 각각의 장단점을 설명하고 '저는 이런 이유에서 어느 안을 추천합니다'라고 건의할 수 있어야 합니다. 장군은 참모로부터 추천받은 안을 선택하는 결심을 한 다음 배짱으로 밀고나가는 겁니다." 일찍부터 이 같은 인재론을 가진 박 대통령은 집권 18년 동안 주변에 다양한 인물들을 모아 그들의 능력과 개성에 맞는 일을 맡김으로써 조국근대화에 성공했다.

용인술의 비결, 인간미

　박 대통령은 철학자와 교수, 직업관료, 군인, 과학자, 경제인 등을 두루 발탁해 적재적소에 활용한 용인술의 대가였다. 사람을 다루는 안목의 다양성과 깊이가 남다른 대통령이었다.

박태준 포항제철 회장이 1992년 10월 박정희 대통령 묘소를 방문, 그동안의 과업 성공을 보고하는 모습

　2011년 세상을 떠난 김완희 박사. 우리나라 전자산업 밑그림을 그리고, 최고 수출산업으로 키워낸 주역이다. 1926년 경기도에서 태어난 그는 경기고·서울대 전기공학과를 나와 미국 유타대 대학원에서 전자공학박사 학위를 땄다. 일리노이대

학 연구원, 미국IBM 책임연구원을 거쳐 한국인으론 처음으로 컬럼비아대학 전자공학과 교수가 됐다.

김 박사가 1968년 고국으로 돌아오기로 결심한 데엔 박 대통령과의 각별한 인연이 있었다. 1968년 3월 김 박사는 미국 전자산업 전문가 일행과 함께 방한해 한국 전자공업 실상을 살펴본 후 청와대로 박 대통령을 예방했다. 그해 4월 박 대통령과 존슨 미국 대통령의 정상회담이 하와이에서 열렸다. 김 박사는 찾아뵙지 못해 죄송하다는 편지를 박 대통령에게 보냈다. 5월 초순이 되자 한국 총영사관에서 다음과 같은 내용의 대통령 친서를 보내왔다. '친애하는 김완희 박사에게! 귀한(貴翰) 감사합니다. 하와이 방문에서 많은 교포들이 따뜻하게 환영해주어 깊은 감명을 받았습니다. 덕택으로 여행을 무사히 마쳤습니다. 7월경에 귀국하신다니 또다시 상봉의 기(機)를 고대하면서 귀 가정에 만복이 깃들기를 축원합니다. 4월 27일 박정희 배(拜).' 김 박사는 7월 귀국해 다시 청와대로 들어갔다. 박 대통령이 불도 켜지 않은 컴컴한 집무실에서 혼자 책을 읽고 있었다. 과학기술처 장관, 청와대 과학담당 수석비서관 등이 배석한 가운데 김 박사는 기술적 이해와 안목 없이는 전자공업을 제대로 육성할 수 없다는 점을 설명했다. 환대 속에 청와대를 방문했던 김 박사는 그때까지 박 대통령의 협조 요청에 결심을 굳히지 못한 상태였다. 결심이 선 것은 회식이 끝난 뒤였다. 김 박사의 회고. "자리를 파하고 일어나 떠나려는데 대통령이 현관까지 배웅하러 나오셨어요. 우리가 차에 오를 동안 밤하늘을 올려다보면서 심호흡을 하시더군요. 그리고 차가 떠날 때까지 그 자리에 그대로 서 계셨습니다. 어둠 속에 홀로 선 대통령이 너무나 외로워보였습니다. 말끝마다 가난한 한국을 부강하게 만들어야 한다고 강조하는 대통령을 도와드려야겠다고 차중에서 결심했습니다." 1968년 귀국한 김 박사는 1979년까지 대통령 특별자문, 상공부, 체신부와 과기처 장관 고문을 거치며 전자산업의 틀을 마련했다.

실사구시 정신

박 대통령은 현실과 사실에 기초하여 판단하고 행동하는 실용주의자였다. 또 잘해보려다가 실수한 부하들을 감싸줬다. 권한을 많이 주는 대신 결과를 철저히 따져 무능을 아부나 선전으로 메우려는 이들에게 현혹되지 않았다. 실무자가 사안에 대해 가장 정통하다는 소신을 가졌던 박 대통령은 장·차관을 제치고 직접 실무자를 불러 의견을 듣기도 했다. 주무 국장과 네 시간 동안 토론을 거쳐 정책을 결정하기도 했다.

하지만 이 모든 것을 차치하고 박 대통령이 좁게는 관료나

경제인, 넓게는 국민들로 하여금 열심히 일하도록 만든 원동력은 따로 있었다. 그것은 조국근대화에 대한 그의 불같은 의지와 사심없는 순수함이었다. 손병두 전 전국경제인연합회 상근부회장은 '박정희 시대'를 이렇게 표현한 적이 있다. "박정희 대통령은 주식회사 대한민국의 CEO 회장이었고, 기업인들은 그 밑의 부문별 사장들이었으며 관료들은 그를 보좌한 스태프들이었다. 오늘날 우리가 무엇보다 감사해야 할 것은 박정희라는 탁월한 지도자를 만났다는 사실이다."

앞에서 든 김완희 박사의 회고담에선 박정희 용인술의 고갱이를 만날 수 있다. "박정희 대통령은 '청계천 다리 밑에 사는 사람도 거기서 나와 보통의 집에서 살 수 있는, 그런 세상을 만들고 싶다'고 했다. 대덕단지가 만들어질 즈음 함께 시찰을 갔는데, 근처 언덕에 올라가 아래를 내려다보며 '난 여기 세계적 전자단지를 만들고 싶다'는 포부를 밝히기도 했다. 그런 꿈, 원대한 희망이 나를 비롯한 많은 사람들의 마음을 이끌었다."

1977년 박 대통령은 창원기계공단의 방위산업체와 기계공장들을 시찰하고 한국이 공업국가로 탈바꿈하는 모습에 여간 흡족해하지 않았다. "오늘 저녁은 내가 한턱 내지." 청와대 수석비서관들은 매우 기분이 좋아진 대통령에게 푸짐한 저녁을 얻어먹었다. 그날 술을 한잔 걸친 박 대통령은 중화학공업과 방위산업을 담당한 오원철 경제 제2수석비서관을 가리키며 이렇게 말했다. "아무리 봐도 오 수석은 국보야, 국보!" 대통령의 공개적인 찬사에 얼굴이 붉어진 오 수석은 참석자들의 부러움을 샀다. 대통령의 신임은 엘리트 관료들을 움직이는 동력이었고, 그렇게 해서 대한민국은 선진국으로 발돋움했다.

7. 위기를 기회로 활용

생물학자 찰스 다윈은 "끝까지 생존하는 종(種)은 강하고 두뇌가 좋은 종이 아니라 변화에 잘 적응, 대처하는 종이다"라고 했다. 이 명제는 비단 생물학에서뿐만 아니라 큰 조직체인 국가(國家)에도 적용이 가능하다. 위기나 변화가 닥쳤을 때 잘 대처하는 나라만이 치열한 경쟁 속에서 살아남을 수 있다. 18년여 집권 동안 박정희 대통령은 위기 돌파에 탁월한 모범을 보였다. 위험과 기회가 공존하는 것이 위기라고 봤을 때. 위험을 극복하고 기회를 적극 활용해 국가 발전을 이뤄낸 것이다.

국가 방향을 바꾼 대전략, 월남 파병

1961년 11월 14일 박정희 당시 국가재건최고회의 의장과 미국 존 F. 케네디 대통령은 정상회담을 했다. 이 정상회담의 기록은 얼마 전에야 공개됐다. 이 자리에서 박 의장은 월남(越南) 파병을 거론했다. "한국은 월남식의 전쟁을 위해서 잘 훈련된 100만의 장정을 보유하고 있습니다. 미국이 승인하고 지원한다면 한국 정부는 월남에 이런 부대를 파견할 용의가 있고, 정규군이 바람직하지 않다면 지원군을 모집할 수도 있습니다. 이런 조치는 자유세계가 단결되어 있음을 과시하게 될 것입니다." 미국의 요청을 받아들여 마지못해 월남 파병을 결정한 것으로 알려진 것과는 다른 내용이다.

당시 미국의 원조를 받는 입장에서 케네디 대통령에게 들이밀 카드가 별로 없었던 박 의장이 고심 끝에 낸 것이 월남 파병이었다. 연 파월 병력 30만 명, 최다 주둔 병력 5만 명을 기록한 첫 해외 파병의 씨앗이 이때 뿌려진 것이다. 박 의장은 같은 자리에서 원조를 요청하면서도 무작정 달라고 하지 않고, 자립(自立) 의지가 있는 나라에 우선적으로 주어야 할 것이 아닌가란 논리도 폈다. 박 의장은 농민들을 상대로 '하늘은 스스로 돕는 자를 돕는다'고 자조 정신을 강조하곤 했었는데 그런 논리의 연장선상에서 미국에 대하여도 당당하게 손을 벌리려고 했다.

월남 파병은 대한민국의 방향을 전환한 대전략이었다. 박정희 대통령은 국군을 월남에 파병함으로써 주한미군 병력을 빼내 월남 전선으로 보내려는 미국의 구상을 중단시켰을 뿐만 아니라 파병에 따른 대가로 한국군의 현대화를 위한 미국의 막

대한 원조를 얻어냈다. 주한미군 감축에 따른 위험을 막는 것과 동시에 월남 파병을 통해 대한민국 발전의 기회를 붙잡은 것이다. 월남에 갔다 온 연 30만 명의 국군은 실전 경험을 쌓았다. 건설업자들을 비롯한 우리 민간인들은 군인들을 따라 월남 시장에 진출해 많은 외화를 획득했고, 해외사업 경험을 얻어 1970년대의 중동(中東) 진출 때 긴요하게 써먹게 됐다. 이 같은 점들을 두루 살펴보면 월남 파병은 대한민국 발전의 기폭제가 됐다는 결론에 이르게 된다.

박정희 대통령이 월남 맹호부대를 찾아 장병들을 격려하는 모습

채명신 주월 한국군사령관은 회고록 '베트남 전쟁과 나'에 이렇게 술회했다. "나는 하늘을 우러러 한 점 부끄럼 없이 조국과 군을 위해 젊음을 바쳤고, 베트남전쟁 참전을 통해 오늘의 대한민국으로 성장·발전할 수 있었음을 고해하는 심정으로 증거하고 싶다."

북한을 제치다

1960년대 말 북한 김일성 정권의 도전에 직면한 박정희 대통령은 국가 건설과 국가 안보란 상반된 조건의 압박에 몰리게 됐다. 다른 하나를 위해 다른 하나를 희생할 수밖에 없는 상황이었으나 박 대통령은 건설과 국방이란 상반된 조건을 다 살리면서 역사적 진전을 이루는 방향으로 대한민국을 이끌어 갔다.

박 대통령이 1960년대 말 위기를 1970년대의 호기로 돌려 세우는 데 있어서 취한 두 가지 가장 중요한 조치는 새마을사업과 중화학공업 건설이었다. 대통령 비서실장으로 '경제건설 참모장' 역할을 했던 김정렴 씨에 따르면 두 사업 모두 김일성의 적화(赤化) 전략에 대응하기 위해 고안된 것이었다. 새마을사업을 통해서 공산주의자가 침투할 수 있는 빈곤을 없애고, 중화학공업 건설을 통해서 자주국방이 가능한 공업력을 갖추겠다는 계산이었다는 얘기다.

　이를 통해 대한민국은 1970년대를 거치면서 확실하게 북한의 위협에서 벗어나게 됐다. 대한민국의 거대한 전환, 즉 후진국으로부터 선진국을 향한 중진국으로, 경량급 국가에서 중화학 공업력을 지닌 중량급 국가로의 전환이 이뤄진 것이고 남북 간 힘의 역전이 일어나게 된 것이다. 이 위대한 역전과 전화위복이 김일성의 도전에 대응하는 과정에서 이뤄졌다는 것을 고려하면 역사의 아이러니라 하지 않을 수 없다.

　1966년 2월 15일 대만을 방문한 박 대통령은 장개석 총통이 주최한 만찬에서 북한 위협을 이겨내는 것은 물론 나아가 자유 통일에 대한 결연한 의지를 피력했다. "혹자는 대한민국을 가리켜 자유의 방파제라고도 한다. 그러나 이런 비유를 받아들일 수 없다. 어찌해서 우리가 파도에 시달리면서도 그저 가만히 있어야만 하는 그러한 존재란 말인가. 우리는 전진하고 있다. 우리야말로 자유의 파도다. 이 자유의 파도는 머잖아 평양까지 휩쓸게 될 것을 나는 확신한다." '통일은 대박'이란 말이 나올 정도로 대한민국이 북한에 비해 압도적 우위에 서게 된 결정적 계기는 1970년대 북한의 위협을 슬기롭게 극복하고 남북한 차이를 확연히 벌린 덕분이라 할 수 있다.

중동에서 국가 도약을 이루다

　행운은 최선을 다한 사람에게 찾아오는 법. 오일쇼크가 전 세계를 덮친 1970년대 중반 박정희 대통령의 한국에도 이 법칙이 들어맞았다. 중동 진출을 통해 한국은 터널을 지나 새로운 무대로 진입하게 됐다.
　박 대통령은 "오일쇼크로 인한 외환위기는 오일쇼크로 부자가 된 중동에서 처방책을 찾아야 한다"고 강조했다. 이어 중동 진출 관련 보고를 받은 박 대통령은 "국내 업자들을 불러 설명회를 개최하고 중동 진출에 적극적으로 나서라는 뜻을 전하라"고 독려했다. 이에 당시 오원철 청와대 경제2수석 비서관은 이렇게 대통령에게 보고했다. "각하, 우리나라에는 세 가지 장점이 있습니다. 첫째 우수한 인력을 보유하고 있다는 것입니다. 중동은 작업환경이 가장 나쁜 곳입니다. 고온이고 사막지대입니다. 오락도 없는 곳입니다. 이렇게 나쁜 조건이야말로 우리나라에게는 극히 유리한 조건이 됩니다. 우리나라에는 군인정신으로 무장한 수십만 명의 제대장병들이 있습니다. 월남에서의 경험도 있습니다. 각하 에너지 위기는 국난의 일종입니다. 한국 남아가 국난을 극복해야 하지 않겠습니까. 지금까지는 어린 여공들이 수출을 해서 우리 경제를 지탱해왔습니다만, 이번에는 남자가 나서야 할 때가 아니겠습니까. 둘째 우리나라

남자 기능공들의 인건비는 선진국보다는 훨씬 싸고 기술 수준은 후진국보다 월등합니다. 셋째 공기 단축인데 이 부문은 우리 건설업체가 자신 있습니다. 경부고속도로 공사식으로 돌관작업을 하는 데 소질이 있습니다."

1973년에 한국업체들은 중동에서 2천400만 달러의 공사를 수주했다. 중동 진출이 본격 시작된 1974년엔 8천881만 달러, 1975년엔 7억5천121만 달러, 1976년엔 24억2천911만 달러, 1977년엔 33억8천700만 달러, 1978년엔 약 80억 달러, 1979년엔 약 60억 달러, 1980년엔 약 80억 달러, 1981년엔 126억 달러로 수주액이 가파르게 늘었다. 절정기인 1978년에 중동 진출 한국 건설 노동자는 14만2천 명에 이르렀다. 박 대통령은 석유위기와 정면승부해 중동 진출로 한국 경제, 한국인의 새로운 활동 영역을 창조해냈다.

8. 죽음 앞에서도 의연

박정희 대통령만큼 드라마틱한 일생을 산 지도자도 흔하지 않다. 식민지 시기와 전란(戰亂), 가난의 시대를 온몸으로 부닥치며 대한민국 초석을 다지는 등 격동의 삶을 살았다. 태어남과 죽음에서도 박 대통령은 범인(凡人)들과는 달랐다. 어머니 배 속에서부터 모진 고초를 겪으며 태어난 박 대통령은 죽음 앞에서도 의연했다.

생즉사 사즉생

마흔다섯이란 늦은 나이에 임신을 한 박정희 대통령의 어머니는 아기를 지우려 백방으로 노력했다. 시골 사람들이 흔히 쓰는 방식대로 간장을 한 사발이나 마시고 앓아눕고, 섬돌에서 뛰어내려 보기도 하고, 장작더미 위에서 곤두박질쳐 보기도 했다. 낙태를 시키려 디딜방아의 머리를 배에다 대고 뒤로 자빠지기도 했다. 하지만 배 속의 아기는 모진 시련을 이겨내고 세상에 태어났다. 배 속에서부터 생사의 문턱을 넘나든 영향인지 박 대통령은 남다른 사생관(死生觀)을 가졌다.

이를 잘 보여주는 것이 1961년 5월 16일 새벽 한강 인도교에서의 일화다. 박정희 장군이 이끄는 해병여단 제2중대는 16일 새벽, 한강 인도교로 진입했다. 트럭 두 대를 여덟 팔 자로 배치한 헌병들이 제지하고 나섰다. 총격전이 벌어졌고 해병 6명과 상대방 헌병 3명이 부상했다. 총알이 스쳐가는 와중에 박정희 장군이 지프에서 내렸다. 그는 상체를 숙이지도 않은 채 한강 다리를 걸어가기 시작했다. 꼿꼿하게 걸어가는 박정희 장군 곁으로 총알이 쌩쌩 날아가는 소리가 들려왔다. 그렇게 총격전이 펼쳐지는 가운데 박 장군이 다리 난간을 잡고 물끄러미 강물을 내려다보았다. 그의 입에서 나지막하지만 단호한 한마디가 흘러나왔다. "주사위는 던져졌어!" 예상하지 못했던 저항에 흔들리던 장병들은 용기와 확신을 되찾았다. 그들은 다시금 결의에 찬 표정으로 주먹을 불끈 쥐고 하늘에 운명을 맡겼다.

박정희 대통령은 남 앞에서는 부끄럼을 타고 누가 면전에서 칭찬을 하면 쑥스러워하는 사람이었다. 육영수 여사와 선을 보러 갈 때는 가슴이 떨려 소주를 마시고 갔다. 그러나 죽음과 대면할 때는 의연했다. 여순반란 사건 이후 1949년 군 내 남로당 조직 사건에 연루·체포돼 전기고문을 당하는 등 생사의 기로에 섰을 때에도 의연함을 잃지 않았다. 어린 시절부터 이순신 장군을 존경한 박 대통령은 이순신 장군이 말한 '생즉사 사즉생'(生卽死 死卽生·살고자 하면 죽고 죽고자 하면 산다)을 항상 염두에 두고 있었다.

순수한 정신의 소유자

1974년 8월 15일 국립극장에서 문세광의 총탄이 날아와 육영수 여사가 피격돼 실려간 뒤에도 박 대통령은 연설을 계속했다. "여러분 하던 얘기를 계속하겠습니다"라고 운을 뗀 뒤 중단했던 광복절 기념사의 위치를 정확히 찾아내 연설을 이어나갔다. 당황하거나 겁먹은 모습을 찾을 수 없었다. 당시 현장에 있던 워싱턴 포스트의 돈 오버도퍼 기자는 "그날 내가 가장 놀란 것은 문세광의 총격이 아니라 박 대통령이 연설을 재개한 것이다. 아내가 총에 맞고 실려 나갔는데도 연설을 계속하다니, 그것도 아무 일 없었다는 듯이 차분하게…. 우리 미국인의 기준으로는 도저히 상상도 이해도 가질 않았다"고 말하기도 했다.

조갑제 씨는 박정희 대통령은 절대 권력을 잡고도 초등학

생과 같은 순수한 정신을 유지한 인물이라고 했다. "순진함은 물정을 모를 때의 마음 상태이고 순수한 것은 이 세상의 더러운 것을 다 겪고 나서도 맑은 마음을 유지하는 것, 청탁(淸濁)을 다 들이마시되 맑은 혼(魂)을 유지하는 자세이다." 여기에 딱 들어맞는 인물이 박 대통령이란 것이다.

박정희 대통령 서거 다음날인 1979년 10월 27일자
서울신문 1면 지면

생을 마감하는 순간에도 박 대통령은 죽음 앞에서 초인적 모습을 보였다. 김재규가 차지철에게 총을 쏜 후 박 대통령은 "뭣들 하는 거야!"란 한마디를 외친 후 그냥 눈을 감고 정좌한 채 가만히 있다가 김재규의 총탄을 가슴으로 받았다. 실내 화장실로 피했던 차지철이 문을 빼꼼히 열고 머리만 내밀고는 "각하, 괜찮습니까"라고 물었을 때 박 대통령은 선혈을 쏟으면서 "난 괜찮아…"라고 했다. 이어 "각하, 정말 괜찮습니까?"란 주위의 물음에 "응 나는 괜찮아…"라고 했다. 당시 현장에 있던 이들은 "나는 괜찮아"라는 박 대통령의 생전 마지막 말의 뉘앙스가 "난 괜찮으니 너희들은 여기를 빨리 피하라"는 뜻이었다고 했다.

뜻밖의 서거로 생전에 유언을 남기지 못한 박 대통령은 1963년에 나온 '국가와 혁명과 나'에서 삶의 지향점과 철학을 밝힌 바 있다. 박 대통령은 평생 소망으로 '소박하고, 근면하고, 성실한 시민사회가 바탕이 된 자주 독립된 한국의 창건'이라고 했다. "본인이 특권 계층, 파벌적 계보를 부정하고 군림사회를 증오하는 소이(所以)도 여기에 있을 것이라 생각한다. 본인은 한마디로 말해서 서민 속에서 나고, 자라고, 일하고, 그리하여 그 서민의 인정(人情) 속에서 생이 끝나기를 염원한다." '내 무덤에 침을 뱉어라'는 박 대통령의 평소 독백과 함께 그의 삶을 웅변하는 글귀다.

후기

주식 격언에 '무릎에 사서 어깨에 팔아라'는 격언이 있습니다. 조선 후기 거상(巨商) 임상옥의 일대기를 그린 최인호 작가의 장편소설 '상도'(商道)에는 '계영배'(戒盈杯)라는 술잔이 나옵니다. 이 술잔은 7부까지만 채워야지 잔을 가득 채우면 모두 흘러내리게 만든 잔입니다. 모두가 인간의 끝없는 욕심을 경계해야 한다는 의미를 담고 있습니다.

33년 2개월에 걸친 매일신문 기자 생활을 마무리하면서 아쉬움이 없지 않지만 한편으로는 나름 만족한다는 자평을 해봅니다. 기자를 하면서 여섯 권의 책을 낸 것에 보람을 느낍니다. 욕심을 내려놓고 안분지족(安分知足)하는 것이 인생의 전반전을 잘 마무리하는 수순이자 인생 후반전을 잘 살기 위해 꼭 필요한 비결이라는 결론을 내렸습니다.

불교경전 '법구경'에 나오는 글귀입니다. '제 몸도 제 마음대로 하지 못하는데 어리석은 사람은 자식과 재물과 남을 제 마음대로 하려다 괴로움에 빠진다.' 기자 생활을 하는 동안 작은 권력이나 얻은 듯 남을 내 마음대로 하려는 어리석은 언행을 적지 않게 했습니다. 참으로 우매하고 부질없다는 생각을 하게 됩니다.

이제 인생 후반전의 여정을 시작하려 합니다. 앞으로는 어리석은 사람이 되지 않으려 노력하겠습니다. 기자로 일하면서 화두로 삼았던 대한민국과 대구경북 발전, '보다 더 나은 세상 만들기'라는 명제는 계속 천착하겠습니다. 앞으로도 격려해 주시고 응원해 주시고 질정의 말씀 부탁드립니다.

33년이 넘는 기자 생활을 하는 동안 음으로 양으로 응원해 주신 모든 분들에게 머리 숙여 감사드립니다. 매일신문과 매일 가족들에게도 감사를 드리며 더 나은 매일신문이 되기를 기원합니다.

가족에게도 특별히 감사의 인사를 드립니다. 어머니 박순임 여사와 아내 이인숙 님, 딸 나경, 아들 도훈·홍주에게 무한

한 사랑과 감사의 인사를 전합니다. 저의 모든 것은 가족의 사랑과 헌신 덕분입니다.

과분한 성원을 보내주신 고향 상주 선·후배님들께도 깊이 감사드립니다. 인연을 맺은 모든 분들에게 마음을 다해 감사드리며 건강하시고 행복하시기를 기원드립니다.

박정희 윤석열 두 대통령의 대화

초판인쇄 _ 2024년 2월 20일
초판발행 _ 2024년 2월 23일

지은이 _ **이대현**
펴낸곳 _ 도서출판 **중문**
인쇄제본 _ **신흥인쇄(주)**
출판등록 _ 1985년 3월 9일 제1-84호
주소 _ 대구광역시 중구 봉산문화길 70
전화 _ 053) 424-9977
ISBN _ 978-89-8080-641-6   03800

정가 _ 18,000원